Google Web Toolkit

Ralph Steyer

Google Web Toolkit

schnell + kompakt

entwickler.press

Ralph Steyer
Google Web Toolkit
schnell + kompakt
Frankfurt, 2007
ISBN 978-3-939084-37-2

http://www.entwickler-press.de/
http://www.software-support.biz/

Ihr Kontakt zum Verlag und Lektorat: lektorat@entwickler-press.de

Bibliografische Information Der Deutschen Bibliothek
Die Deutsche Bibliothek verzeichnet diese Publikation in der Deutschen Nationalbibliografie; detaillierte bibliografische Daten sind im Internet über
http://dnb.ddb.de abrufbar.

Korrektorat: Petra Kienle
Satz: text & form GbR, Carsten Kienle
Umschlaggestaltung: Melanie Hahn, Maria Rudi
Belichtung, Druck und Bindung: M.P. Media-Print Informationstechnologie GmbH, Paderborn.

Inhaltsverzeichnis

Vorwort 9

Über den Autor 10

Kapitel 1: Ajax und das Web 2.0 11

1.1 Was ist Ajax? 12

Von der Statik zur Dynamik – Teil 1 12

Return to Server 12

Normalisierung der Lage – Dynamik Teil 2 13

Die Einwechslung von Ajax 13

Die technischen Hintergründe 15

Kennen wir das nicht schon alles? 18

Ajax – alles easy? 19

1.2 Was ist das Google Web Toolkit? 20

Java für Ajax – das GWT 22

Der Aufbau eines typischen GWT-Entwicklungszyklus 23

Vorteile des GWT 24

Kapitel 2: Download und Installation 29

2.1 Die Voraussetzungen 29

2.2 Download des GWT 30

2.3 Die Installation 31

2.4 Die Bestandteile des GWT-Verzeichnisses 31

Der applicationCreator 31

Die weiteren Programme 32

Die Dokumentation 32

Die Beispiele 33

Kapitel 3: Erster Kontakt 37

3.1 Modifikation vorhandener Beispiele 37

3.2 Die GWT-Architektur 39

3.3 Erstellen einer GWT-Applikation 40

Die grundsätzliche Projektstruktur 40

Erstellen einer eigenen GWT-Applikation von Hand 42

Anpassen der Grundschablone 44

Übersetzen in JavaScript und HTML 48

Erstellen einer eigenen GWT-Applikation mit Eclipse 49

Kapitel 4: Vertiefende Einblicke in die Arbeitsweise des GWT 55

4.1 Die GWT-Module 55

Das XML-Format der Module 57

4.2 Das Laden von Modulen 61

4.3 Debuggen einer GWT-Applikation 62

Kapitel 5: Erstellen von Benutzeroberflächen 65

5.1 Die GWT-Klassen für Benutzerschnittstellen 65

Grundsätzliches Erstellen einer GUI 66

5.2 Strukturieren der Oberfläche – Widgets und Panels 66

Widgets 67

Panels 69

5.3 Events, Listener und Adapter 72

Adapterklassen 74

5.4 Style Sheets 77

Komplexere Stile 77

Die Zuordnung von CSS-Dateien 78

5.5 Erstellen eigener Widgets 83

5.6 Die Klassen der GWT-Web-UI-Klassenbibliothek 87

Kapitel 6: Remote Procedure Calls **89**

6.1 Erstellen eines Services 90

Asynchronous Interfaces 91

6.2 Implementierung des Service 93

6.3 Der konkrete Aufruf einer entfernten Methode 93

6.4 Ein vollständiges Beispiel 94

RPC in Produktion bringen 100

Kapitel 7: JavaScript Native Interface **101**

7.1 Einsatz nativer JavaScript-Methoden 102

7.2 Aus JavaScript auf Java-Methoden und -Felder zugreifen 104

Methodenaufrufe 104

Zugriff auf Felder 105

Ein praktisches Beispiel 105

7.3 Objekte in Java und JavaScript benutzen 107

JavaScriptObject 108

Von Java nach JavaScript 108

Von JavaScript nach Java 109

7.4 JSNI und Ausnahmen 109

Anhang: Quellen zum GWT und Ajax **111**

Stichwortverzeichnis **113**

Vorwort

Das World Wide Web macht gerade einen Evolutionssprung – weg vom passiven Konsumentennetz hin zum interaktiven Teilnehmernetz Web 2.0. Populärster Mutant in dieser Entwicklung ist wohl Ajax. Und Google ist sicher einer der größten Förderer des Web 2.0 und von Ajax. Wenn Sie dabei betrachten, welche Projekte Google zurzeit etabliert oder testet, kommen Sie bei diesen Projekten um Ajax nicht herum.

Daher war es nur eine Frage der Zeit, wann Google für die Entwicklergemeinde ein API bereitstellt, mit dem bequem und zuverlässig Webapplikationen im Allgemeinen und Ajax-Applikationen im Speziellen erstellt werden können – das Google Web Toolkit (GWT). Das GWT eröffnet Möglichkeiten, solche Applikationen für das Web 2.0 auf Java-Basis in einer sicheren und leistungsfähigen Umgebung zu erstellen, die anschließend in ein webfähiges Konstrukt aus HTML, Style Sheets und JavaScript übersetzt und auf den Client ausgeliefert werden. Damit sind solche Applikationen ohne jegliche Form eines Browser-Plug-in oder zwingende Voraussetzung wie eine bestimmte Technologie auf einem Webserver in der Praxis einzusetzen. Und sie werden in allen relevanten Browsern zuverlässig funktionieren.

Viel Spaß bei diesem Einblick in das Google Web Toolkit wünscht Ihnen

Ralph Steyer
www.rjs.de und *www.ajax-net.de*

Eppstein, im Herbst 2006

Über den Autor

Ralph Steyer ist Freelancer und arbeitet als Fachautor, Fachjournalist, EDV-Dozent und Programmierer. Nach dem Studium der Mathematik hat er als PC-Anwendungsentwickler bei einer großen Versicherung im Rhein-Main-Gebiet gearbeitet.

KAPITEL 1

Ajax und das Web 2.0

1.1 Was ist Ajax? 12
1.2 Was ist das Google Web Toolkit? 20

Das World Wide Web befindet sich im Umbruch. Mehr und mehr entwickelt sich dieses zentrale Informationsmedium der modernen Welt zu einem bidirektionalen Instrument, in dem Anwender **aktiv** in die Gestaltung von Webseiten sowie die Inhalte eingreifen, statt einfach nur passiv zu konsumieren. Die Versionierung Web 2.0 soll analog klassischer Versionen bei Programmen und Programmiertechniken den Evolutionssprung deutlich machen.

Eines der wichtigsten Zauberworte für dieses neue World Wide Web nennt sich **Ajax**. Ajax ist die Abkürzung für ***Asynchronous JavaScript and XML*** und steht für eine der bedeutsamsten aktuellen Entwicklungen des Internets bzw. die bekannteste Säule dessen, was unter besagtem Web 2.0 zurzeit durch die Medien geistert.

Hinweis

Neben Ajax gehören auch das so genannte **Mashup** (einfache Integration verschiedener Anwendungen und Datenquellen unter derselben Benutzeroberfläche), **Social Network Analysis** (kurz **SNA** – Nutzen von Informationen und Wissen einer

Vielzahl von Personen und deren persönlicher Netzwerke) und die **Kollektive Intelligenz** (kollektive Entwicklung von Inhalten und geistigen Gütern, wie es als bedeutendes Referenzprojekt derzeit Wikipedia zeigt) zu den Schlüsseltechnologien dieser Weiterentwicklung des klassischen Webs.

1.1 Was ist Ajax?

Wenn man sich die Vergangenheit des Internets betrachtet, ist das Jahr 1990 mit der Einführung des World Wide Web unbestritten einer der größten Meilensteine gewesen. Mit dem Aufkommen des WWW ließen sich optisch ansprechend Inhalte präsentieren und vor allem Information so miteinander verknüpfen, dass ein Anwender diese komfortabel verwenden konnte. Allerdings war das WWW in der ersten Form rein statisch und das genügte nach einer ersten Sturm- und Drangphase nicht mehr.

Von der Statik zur Dynamik – Teil 1

Aufgrund diverser Einschränkungen, die mit dieser statischen Form des Webs verbunden waren, entwickelte sich ab etwa dem Jahr 1995 eine auf dem Client laufende Programmierwelt, die diesen Einschränkungen begegnen sollte. Sukzessive entstanden JavaScript, VBScript, Java-Applets, ActiveX-Controls, Flash und diverse weitere (oft proprietäre) Technologien. Allen Technologien auf dem Client ist gemeinsam, dass sie Aktivität vom Server auf den Client verlagern und damit die Interaktivität mit dem Anwender und die Dynamik der Seite fördern sollten.

Return to Server

Verschiedene Probleme mit clientseitiger Technologie führten jedoch bei vielen Anbietern von Webinhalten ungefähr ab dem Jahr 2000 dazu, wieder mehr und mehr Aktivität auf den Server zurückzuverlagern. Proprietäre Standards sowie unsägliche marktpolitische Spielereien vieler Protagonisten des WWW und nicht zuletzt Sicherheitsprobleme einiger Techniken im Client reduzierten flächendeckend die Akzeptanz von clientseitiger Technologie.

Normalisierung der Lage – Dynamik Teil 2

In den letzten Jahren hat sich die Hysterie um die Probleme clientseitiger Technologie gelegt und nahezu alle modernen Webapplikationen setzen auf ein ausgewogenes Maß aus clientseitiger[1] und serverseitiger Technologie. Die Aufgaben in dem Client-Server-Betrieb Internet werden so verteilt, wie es sinnvoll ist. Insbesondere wird die Dynamik in vielen Webseiten mit clientseitigen DHTML-Effekten (***Dynamic HTML***) rund um JavaScript und CSS realisiert.

Die Einwechslung von Ajax

Das Internet basiert bezüglich der Übertragung bekanntlich auf **TCP/IP**. Dies steht für ***Transmission Control Protocol/Internet Protocol*** und bezeichnet ein Transportprotokoll zur paketorientierten Vermittlung von Daten. Die Daten werden in kleinere Einheiten zerlegt und diese Datenpakete werden unabhängig voneinander vom Sender zum Empfänger geschickt. Wenn eine Sendung aus mehreren Paketen besteht, werden sie beim Empfänger wieder zusammengesetzt.

Das Hauptproblem bei dieser Art der Kommunikation ist, dass zwischen Sender und Empfänger keine **dauerhafte** Verbindung existiert. Zwar ist es möglich, auf Ebene der Dienst- oder Anwendungsprotokolle eine virtuelle Verbindung zwischen Sender und

1. Im Fall von clientseitiger Programmierung heutzutage fast ausschließlich noch JavaScript.

Empfänger aufrechtzuerhalten, aber allein auf Ebene des Transportprotokolls ist diese Verbindung nicht gegeben.

Nun ist jedoch das Anwendungsprotokoll des World Wide Web – **HTTP** (*Hyper Text Transfer Protocol*) – ein **verbindungsloses** oder **zustandsloses** Protokoll. Mit anderen Worten – bei diesem Protokoll wird beim Datenaustausch auch auf der Ebene des Anwendungsprotokolls keine virtuelle Verbindung zwischen dem Server und dem Client aufrechterhalten.

Bei dieser Art der zustandslosen Kommunikation kann zum Beispiel ein Server bei einer Anfrage durch einen Client im Grunde nicht erkennen, ob ein Browser bereits vorher eine Anfrage abgeschickt hat. Eine Folge ist, dass im klassischen Web ein Browser vom Server bei jeder Anforderung von neuen Informationen immer eine vollständige neue Webseite geschickt bekommt.

Ajax ist nun ein Ansatz, bei dem nicht jede Datenanforderung des Clients das Versenden einer vollständigen neuen Webseite durch den Server notwendig macht. Mit Ajax ist es möglich, nur den Teil einer Webseite von Server anzufordern, der auch wirklich ausgetauscht werden muss. Mittels Techniken aus dem Umfeld von **DHTML** werden die neuen Inhalte in den zu aktualisierenden Teil der Webseite befördert oder aber auch nur die Information übertragen, welche Teile der Webseite auszutauschen sind.[2] Die Teile der Webseite, die nicht erneuert werden müssen, können dabei erhalten bleiben.

Es ist offensichtlich, dass die zu versendende Datenmenge damit erheblich reduziert werden kann. Vor allen Dingen kann das Antwortverhalten von sehr interaktiven Webapplikationen bei der Interaktion mit einem Anwender exorbitant beschleunigt werden.

2. Etwa indem man mittels XML-Daten die Namen für nachzuladende neue Bilder übermittelt.

Bei einer Ajax-Applikation kommunizieren dazu nicht nur der Browser und der Webserver direkt miteinander, sondern unabhängig von dieser Kommunikation kann ein Objekt in der Webseite mit dem Server kommunizieren – quasi am Browser vorbei. Sogar asynchron zu Benutzerverhalten mit den offensichtlichen Datenanforderungen wie einem Klick auf einen Link oder das Absenden von Formulardaten.

Die technischen Hintergründe

Dieses Objekt zur Kommunikation ist der Kern jeder Ajax-Anwendung. Auf dieses Kommunikationsobjekt (***XMLHttpRequest***, was im Grunde wie ein kleiner Browser im Browser zu verstehen ist – nur ohne optische Repräsentation) greift man bei jeder Ajax-Applikation mit JavaScript zu, wenn man Daten asynchron nachfordern will. Es ist der Dreh- und Angelpunkt der gesamten Ajax-Technologie. Der grundsätzliche Aufbau einer Ajax-Applikation ist dabei immer gleich.

In einer Webseite ruft man bei einem Ereignis (als HTML-Eventhandler oder über JavaScript-Eventhandling implementiert) eine JavaScript-Funktion auf, die die asynchrone Datenanforderung regelt. So könnte eine entsprechende HTML-Seite aussehen:

```
<html>
<script type="text/javascript"
  src="meinajax.js"></script>
  <body>
    <h1 onClick="sndReq()">
    Klicken Sie auf die Überschrift!</h1>
    <div id="antwort"></div>
  </body>
</html>
```

Wenn ein Anwender auf die Überschrift klickt, wird die angegebene Funktion (hier `sndReq()`) aufgerufen.

Die JavaScript-Funktionalität, die in der Regel in eine externe JavaScript-Datei ausgelagert wird, besteht aus

- dem Erzeugen des Kommunikationsobjekts,[3]
- dem Generieren einer Anfrage an den Webserver,
- dem Binden einer Reaktionsfunktion an den Zeitpunkt, wenn die Antwort des Webservers eintrifft[4] und
- dem tatsächlichen Senden der Anfrage.

So könnte eine externe JavaScript-Datei aussehen, die die Antwort für obige HTML-Datei liefert:

```
function generiereXMLHttpRequestObject(){
  resObjekt = null;
  try {
    resObjekt =
      new ActiveXObject("Microsoft.XMLHTTP");
  }
  catch(Error){
    try {
      resObjekt =
        new ActiveXObject("MSXML2.XMLHTTP");
    }
    catch(Error){
      try {
      resObjekt = new XMLHttpRequest();
      }
```

3. Bei manuell geschriebenen Applikationen erfolgt dieses mittels direkter Notation eines Konstuktors und bei Frameworks oft versteckt im Hintergrund.

4. Mittels einer Funktionsreferenz und einem spezifischen Eventhandler.

```
      catch(Error){
        location.href="ohneAJAX.html";
      }
    }
  }
  return resObjekt;
}
function sndReq() {
  resObjekt.open('get', 'meinajax.jsp', true);
  resObjekt.onreadystatechange =
    handleResponse;
  resObjekt.send(null);
}
function handleResponse() {
  if(resObjekt.readyState == 4){
    document.getElementById("antwort").
      innerHTML = resObjekt.responseText;
  }
}
resObjekt = generiereXMLHttpRequestObject();
```

Über das `XMLHttpRequest`-Objekt, das in diesem Beispielskript in der Funktion `generiereXMLHttpRequestObject()` erzeugt wird, erfolgt der gesamte Datenaustausch, der an der eigentlichen Browser-Server-Kommunikation vorbeigeht.

Das so erzeugte Objekt, das mittlerweile von allen relevanten modernen Browsern unterstützt wird, stellt eine Reihe von geeigneten Methoden zum Generieren einer Datenanforderung (`open()`), zum Anfordern (`send()`) als auch Entgegennehmen der Daten (über den Eventhandler `onreadystatechange`) zur Verfügung.

Das Anzeigen der nachgeforderten Daten in der Webseite ist dann reines DHTML und erfolgt meist mit einem Zugriff auf einen Bereich der Webseite mittels einer ID[5] oder einem der anderen möglichen Wege, mit denen man aus JavaScript auf ein Element der Webseite zugreifen kann.[6]

Um konkret den Inhalt dieses Bereichs auszutauschen, wird sehr oft `innerHTML` verwendet. Diesen wird in vielen Fällen der Wert der Eigenschaft `responseText` des XMLHttpRequest-Objekts zugewiesen. Natürlich gibt es hier aber auch eine große Menge an Feinheiten und Spezialisierung – insbesondere, wenn XML als Antwort geschickt wird. Hier kommt dann die Eigenschaft `responseXML` zum Einsatz.

Kennen wir das nicht schon alles?

Neben dem `XMLHttpRequest`-Objekt werden rund um Ajax **XHTML** bzw. **HTML**, **XML**, **JavaScript** und **Style Sheets** als Kerntechnologien gesehen. Die auf dem Server eingesetzte Technologie ist im Rahmen des Konzepts von Ajax selbst nicht explizit festgelegt. Ob Sie dort PHP einsetzen oder ASP.NET, Java-Servlets, JSP (Java Server Pages) oder sonst eine andere beliebige Servertechnologie – Sie sind vollkommen frei in Ihrer Wahl. Der Server kann bei Ajax sogar als eine Art „Black Box" betrachtet werden, die einfach nur Daten liefert – ganz wie bei einer klassischen Webapplikation.

Wenn Sie sich nun die Technologien betrachten, die bei Ajax auf Seiten des Clients den Kern bilden, werden Sie erkennen, dass Ajax außer dem `XMLHttpRequest`-Objekt nur wenige wirklich neue

5. Im Beispiel hier über `getElementById("antwort")`.
6. Objektfelder, this, Namen, Elementnamen etc.

Ansätze zeigt. Und selbst dieses Objekt geht auf Ansätze von Microsoft zurück, die bis in das Jahr 1997 zurückreichen.[7]

Für Kritiker ist die Sache damit klar. Ajax sei nur ein Marketingbegriff für alte Technologien. Die Befürworter hingegen argumentieren genau umgekehrt. Sie sagen, da so gut wie keine neuen Technologien erforderlich sind, ließe sich Ajax ohne größere Probleme in bestehenden Umgebungen implementieren und die Beteiligten am Web können sich ohne große Schwierigkeiten auf einen Standard einigen. Und wahrscheinlich haben die Befürworter Recht, wie der Erfolg von Ajax und das teils sehr große Ajax-Engagement vieler Big Player im Web wie Google, Microsoft, Amazon oder Yahoo zeigen. Mit Ajax werden etablierte Techniken einfach, intelligent und stabil kombiniert und Probleme gelöst, für die sich vor Ajax keine allseits akzeptierten Lösungen durchsetzen konnten.

Ajax – alles easy?

Ajax verschafft dem Web ohne Zweifel viele Vorteile. Aber obwohl bei Ajax im Grunde nur lange etablierte Techniken unter einem gemeinsamen Dach zusammenspielen, gibt es unzählige Probleme zu lösen.

Weder die Browser noch die bisherigen Arbeits- und Denkweisen von Webapplikationen sind auf eine Kommunikation zwischen Client und Server an der normalen Schnittstelle Browser vorbei konzipiert, noch funktioniert das Zusammenspiel der Ajax-Kerntechniken wirklich so reibungslos, wie es notwendig wäre.

Auch die unmittelbare Kommunikation zwischen der Client- und Serverseite birgt zahlreiche Fallen. Und nicht zuletzt gibt es im Ajax-Umfeld einige ungelöste Fragen bei der Benutzerfüh-

7. Siehe dazu auch *http://www.w3.org/TR/XMLHttpRequest*.

rung und auch der automatisierten Verarbeitung der dynamischen Inhalte (von Suchmaschinen angefangen bis hin zu Fragen des barrierefreien Webs und Lesegeräten für Behinderte).

Alles in allem verbirgt sich hinter Ajax trotz der scheinbaren Einfachheit eine Schlangengrube mit Problemen. Aber alle diese Probleme sind lösbar oder wurden sogar bereits in diversen Workarounds gelöst. Ajax ist auf jeden Fall eine der vielversprechensten Entwicklungen des Webs, die in den letzten Jahren zu beobachten waren. Nun ist es endlich möglich, mit allseits unterstützten Techniken das träge Verhalten von Webapplikation bei der Interaktion mit Anwendern abzustellen.

1.2 Was ist das Google Web Toolkit?

Wie kommt nun bei Ajax das **Google Web Toolkit** (GWT[8]) ins Spiel? Nun – das GWT erleichtert erst einmal schlicht und einfach das Erstellen von komplexen Webapplikationen im Allgemeinen und Ajax-Applikationen im Speziellen.

Es ist im Grunde kein Hexenwerk, mit guten Kenntnissen der Ajax-Grundtechnologien HTML bzw. XHTML, JavaScript, CSS und XML und etwas Kenntnis einer serverseitigen Technologie von Hand eine Web- und auch eine Ajax-Applikation zu erstellen. Allerdings kennen natürlich nicht sämtliche Webseitenersteller bzw. Webentwickler alle diese Technologien so perfekt wie es notwendig wäre.

Insbesondere der Umgang mit JavaScript ist oft nicht ausreichend vertraut. Es ist beispielsweise definitiv nicht so, dass beispielsweise ein Java-Entwickler zwangsläufig auch JavaScript kennt. Gerade JavaScript ist eine der wahrscheinlich am meisten unterschätzten Sprachen. Dabei ist nicht die Sprache an sich hoch

8. GWT ist witzigerweise auch die Abkürzung für den Flughafen Sylt.

kompliziert, sondern das unglaublich anfällige Verhalten gegenüber Rahmenbedingungen bei der Ausführung (konkrete Plattform, Browser, Art und Weise der Einbindung von Skripten und deren Verwendung in der Webseite, die automatische Veränderung von Datentypen etc.) erfordert im Umgang mit JavaScript ein hohes Maß an Erfahrung. Und diese Abhängigkeit einer Ajax-Applikation von Rahmenbedingungen endet nicht bei JavaScript, sondern erstreckt sich auch auf HTML bzw. XHTML und Style Sheets und sogar die Art und Weise, wie XML interpretiert wird.[9] Und zudem ist ebenso das konkrete Zusammenspiel dieser ganzen Ajax-Grundtechnologien sowohl fehlerträchtig als auch teilweise recht diffizil.

Allerdings sind viele Probleme durch die unterschiedlichen Interpretationen in verschiedenen Clientsystemen und nicht zuletzt auch im Zusammenspiel zwischen dem Server und dem Client teilweise schon lange bekannt und es gibt oft ausgereifte, standardisierte Lösungswege und Workarounds.

An dieser Stelle greifen insbesondere so genannte **Ajax-Frameworks** ein. Diese können einmal nur aus einfachen Programmbibliotheken mit einigen vorgefertigten Funktionen in JavaScript bestehen, aber es kann bei Frameworks auch hingehen bis zu visuellen Entwicklungs-IDEs, um damit Ajax-Applikationen zu erstellen. Insbesondere gestatten manche solcher Frameworks die Erstellung von Ajax-Applikationen rein auf Serverseite in einer einzigen Technologie. In diesem Fall wird in der Regel die Clientseite für die Ajax-Applikationen generiert und für den Entwickler eine Black Box dargestellt, deren Aufbau er sich meist gar nicht mehr direkt ansehen muss und wird.

9. Obwohl man es möglicherweise kaum glauben mag – so verhalten sich einige XML-Parser beispielsweise unterschiedlich, wenn es um die Berücksichtigung von Leerraum geht. Das wirkt sich unter Umständen aus, wenn ein XML-Dokument in Knoten zerlegt und auf dem Client verwertet werden soll.

Java für Ajax – das GWT

Das GWT ist nun ein absolut kostenloses, freies Java-Entwicklungs-Framework bzw. -Toolkit, um Ajax-Applikationen unter Verwendung von Java als Sprache und einem beliebigen Java-Entwicklungs-Tool zu schreiben und zu debuggen. Die Erstveröffentlichung war am 17. Mai 2006. Das GWT lässt sich vor allem in bestehende Java-IDEs wie Eclipse einhängen und nutzt zur Erstellungszeit der Ajax-Applikation explizit die Vorteile der Java-Umgebung.

Hinweis

Beachten Sie, dass das GWT zeitweise nicht vollständig frei war. Zum Zeitpunkt der Bucherstellung waren die Teile des GWT zeitweise als „closed source" zu verstehen, die den Java2JavaScript- bzw. Java-to-Java-Script-Compiler betreffen. Dieser durfte auch nicht kommerziell „redistributed" werden. Die Beschränkung beeinflusst aber nicht die kommerzielle Verwendung des Resultats, das dieses Tool produziert. Der resultierende Code war absolut frei. Im Dezember 2006 hat Google das GWT 1.3 dann unter die Apache-Lizenz 2.0 gestellt und damit vollständig als Open Source deklariert. (Andere Änderungen als die Lizenz brachte die neue Version nicht.) Es ist also zu erwarten, dass sich die Bedingungen für die Verwendung des GWT vielleicht noch weiter ändern werden. Siehe dazu zur Sicherheit auch unter *http://code.google.com/webtoolkit/download.html*, wo sich aktuelle Lizenzinformationen befinden.

Wenn Sie Ihre Ajax-Applikation später in die Produktion bringen wollen, wird mittels des gerade in dem Hinweis genannten GWT-Compilers Ihre Java-Applikation in eine äquivalente Applikation aus JavaScript, CSS und HTML für die Clientseite und damit die endgültige Ajax-Applikation übersetzt. Dieser

Compiler ist das Herz des GWT und läuft auch quasi unsichtbar im Hintergrund, wenn Sie Ihre GWT-Applikation zu Testzwecken erst einmal im so genannten **Hosted-Modus**[10] ausführen.

Der GWT-Compiler unterstützt die zentralen Bestandteile der Sprache Java selbst und die GWT-Laufzeitbibliothek emuliert im Client einen relevanten Teil der Java-Laufzeitbibliothek.

Hinweis

Zum Zeitpunkt der Bucherstellung befindet sich das GWT in einer späten Betaversion. Diese ist aber bereits sehr ausgereift und wurde laut Google hauptsächlich deshalb noch nicht als Finalversion freigegeben, um Feedback der Entwicklergemeinde zu bekommen und darauf aufbauend die Klassenbibliotheken und Entwicklungstools weiter zu optimieren. Dennoch können und werden sich wahrscheinlich noch einige Details des GWT bis zur Finalversion ändern.

Der Aufbau eines typischen GWT-Entwicklungszyklus

Der Aufbau eines typischen Entwicklungszyklus unter dem GWT ist meist gleich:

- Der erste Schritt bei der Erstellung einer Ajax-Applikation mit dem GWT ist, dass Sie einen reinen Editor oder auch Ihre favorisierten Java-Tools zum Erstellen und Schreiben einer Ajax-Applikation verwenden. Dabei verwenden Sie ergänzend zu den normalen Java-Klassen und -Schnittstellen einige spezielle GWT-Bibliotheken zur Erweiterung der Java-Funktionalität, sofern es notwendig ist.

10. Das bedeutet, die Applikation wird auf Basis der Java-Dateien in einer eigenen Umgebung aus Server und Client ausgeführt.

- Im zweiten Schritt verwenden Sie den **Java-to-JavaScript-Compiler** des GWT, um Ihre Applikation in einen Satz aus JavaScript-, CSS- und HTML-Dateien zu übersetzen. Dabei wird eine typische vollfunktionale GWT-Applikation etwa 100 Kbyte an Cache-baren JavaScript-Code umfassen, den der Endanwender laden muss. GWT-Applikationen sollen nach eigenen Aussagen von Google mindestens so performant sein wie handgeschriebene Gegenstücke. Die gesamten Ressourcen können dann über einen beliebigen Webserver bereitgestellt werden.[11] Dabei haben Sie in der Regel die Applikation vorher im Java-Umfeld (im Hosted-Modus) bereits getestet.
- Sie werden dann in einem abschließenden Schritt natürlich Tests fahren, ob Ihre Applikation auch wirklich in jedem Browser funktioniert, den Sie unterstützen wollen.

Vorteile des GWT

Ein Toolkit wie das GWT oder ein Framework bedarf immer einer gewissen Einarbeitung und beinhaltet natürlich auch seine eigenen Schwierigkeiten. Dementsprechend lohnt sich ein Einsatz sicher nicht für einen Webseitenersteller, der nur ein oder zwei Dinge wie eine Benutzeranmeldung asynchron gestalten möchte – vor allem, wenn das Webprojekt bereits in einer bestehenden Entwicklungsumgebung (Webeditor, CMS etc.) erstellt und gepflegt wird. Ein solcher Entwickler wird mit einer manuellen Erstellung der noch fehlenden Ajax-Routinen sicher besser bedient sein.

Anders sieht es aus, wenn Sie eine vollkommen neue Applikation erstellen wollen. Entscheidende Vorteile der Verwendung des GWT gegenüber einer händischen Erstellung einer Ajax-Ap-

11. Sofern Sie allerdings auf den RPC-Mechanismus des GWT zurückgreifen, muss die Serverseite damit natürlich umgehen können. Hier kommt dann in der Regel ein Java-Servlet-Container (etwa Tomcat) zum Einsatz.

plikation zeigen sich vor allem bei komplexeren Applikationen und liegen in den konzeptionellen Vorteilen von Java gegenüber JavaScript (feste Datentypen, ausgefeiltes Speichermanagement, strikte Objektorientierung, ausgefeiltes Exception-Handling etc.). Und natürlich hat es für geübte Java-Programmierer auch seinen Reiz, wenn eine Webapplikation (gleich, ob mit oder ohne Ajax) wie eine Desktop-Applikation im Java-Umfeld erstellt wird und man sich nicht mit dem Gemisch aus JavaScript, CSS und HTML herumschlagen muss.

Aus der Verwendung der Sprache Java heraus ergeben sich auch Vorteile für das Design, was in Java viel leichter verständlich als ein solches Konglomerat aus HTML, CSS und JavaScript ist – vor allem, wenn keine ausführliche Dokumentation zur Verfügung steht.

Und man sollte auch nicht außer Acht lassen, dass es für JavaScript nur wenige gute Entwicklungsumgebungen gibt. Für Java hingegen gibt es einen großen Fundus an sehr professionellen Entwicklungstools, die vom Debuggen über das Refactoring[12] bis zur Komplettierung von Code alle Möglichkeiten bieten, die man in der professionellen Entwicklung gewohnt ist.

Das GWT selbst erweitert nun die bereits über Java vorhandenen Fähigkeiten um einige interessante Features:

- Es gibt dynamische, wieder verwendbare **Komponenten** zur Gestaltung von Oberflächen. Damit können Sie komplexe **Widgets** durch die Komposition anderer Widgets erstellen. Ein Widget bezeichnet allgemein einen eigenständigen Teil einer GUI, welches eine spezielle (meist kleine) Funktion oder Anzeige als Teil eines übergeordneten Konzepts übernimmt.[13] Das Layout solcher Widgets kann automatisch über **Panels**

12. Umstrukturieren des Codes ohne Ändern der Funktionalität.

13. Der Begriff Widget geht auf Apple und die Version 10.4 von Mac OS X zurück.

(Komponenten zur Aufnahme und Anordnung von Widgets) gesteuert werden und ein Widget kann mit anderen Entwicklern über *.jar*-Dateien ausgetauscht werden.

- Das GWT erleichtert erheblich den Umgang mit **RPC** (**Remote Procedure Call** – auf Deutsch Aufruf einer entfernten Prozedur), was bei Ajax-Applikationen ja der Kern der Sache ist und damit häufig vorkommt. Um zwischen der Webapplikation und dem Webserver zu kommunizieren, müssen Sie serialisierbare Java-Klassen für Ihre Anfrage und die Entgegennahme der Antwort definieren. In der Produktion serialisiert das GWT automatisch den Request (die Anfrage) und deserialisiert den Response (die Antwort) vom Webserver (von der Client-Seite aus betrachtet). Der RPC-Mechanismus des GWT kann sogar mit polymorphen Klassenhierarchien umgehen und Sie können Ausnahmen über das gesamte System auswerfen.
- Das GWT stellt auch eine Lösung für eines der klassischen Ajax-Probleme bereit, das von Ajax-Kritikern immer wieder ins Feld geführt wird. Die asynchrone Datennachforderung am Browser vorbei hebelt den Mechanismus der ZURÜCK-Schaltfläche des Browsers aus. Das GWT löst dieses Problem (und andere Aufgaben der Benutzerführung) und verwirrt damit den Anwender nicht über den fehlenden Zugriff auf die History.
- Eines der größten Probleme unter JavaScript ist sicher, dass es dafür kaum vernünftige Möglichkeiten zum Debuggen gibt. Zwar gibt es in JavaScript einige rudimentäre Debugger wie den Venkman JavaScript Debugger des Mozilla-Projekts oder den internen Debugger des Web Developers von Microsoft. Diese Tools sind allerdings beschränkt und funktionieren auch nicht in Verbindung mit allen Browsern bzw. JavaScript-Spezialitäten. Oft ist man also bei der Fehlersuche auf primitive Testausgaben im Quellcode angewiesen. Mit dem GWT haben

Sie eine vollständige Debug-Umgebung zur Verfügung, in der Sie alle Erweiterungen und Vorteile der Fehlersuche in IDEs wie Eclipse verwenden können. Das Google Web Toolkit kann mit nahezu allen populären nichtkommerziellen, kommerziellen und Enterprise-Entwicklungsapplikationen eingesetzt werden.[14] Und warum ist das überhaupt möglich, wenn doch die Ajax-Applikation im Client auf JavaScript aufsetzt? Zur Laufzeit ist der Code zwar in JavaScript übersetzt, aber zur Entwicklungszeit läuft er in einer Java Virtual Machine.

- Der Einsatz des GWT sorgt dafür, dass automatisch alle wichtigen Browser unterstützt werden. Dies umfasst explizit den Internet Explorer, Firefox, Mozilla, Safari und Opera. Dabei soll die Unterstützung auch dann funktionieren, wenn der Browser sich nicht richtig gegenüber dem Server identifiziert. Dieses Faktum kann gar nicht hoch genug eingeschätzt werden, denn auch heute sind die Probleme der unterschiedlichen Unterstützung in verschiedenen Browsern bei Webapplikationen mit ausgeprägten dynamischen und optischen Feinheiten sehr groß.
- Das GWT stellt eine Integration von JUnit zur Verfügung. Das erlaubt sowohl das Unit-Testing in einem Debugger als auch in einem Browser. Sie können sogar Unit-Tests mit asynchronen RPCs durchführen.
- Das GWT stellt diverse Unterstützung zur Internationalisierung bereit.
- Die Klassen des GWT können bei Bedarf auch mit handgeschriebenem JavaScript innerhalb des Java-Quellcodes gemischt werden. Dazu gibt es eine Schnittstelle mit Namen **JavaScript Native Interface (JSNI)**.

14. Wobei wir uns in diesem Buch auf Eclipse beschränken werden.

KAPITEL 2

Download und Installation

2.1	Die Voraussetzungen	29
2.2	Download des GWT	30
2.3	Die Installation	31
2.4	Die Bestandteile des GWT-Verzeichnisses	31

Bevor Sie mit dem GWT arbeiten können, müssen einige Voraussetzungen auf Ihrer Entwicklungsplattform gegeben sein und Sie müssen sich selbstverständlich das Toolkit besorgen und installieren.

2.1 Die Voraussetzungen

Zum Einsatz des GWT benötigen Sie zusätzlich ein aktuelles Java-Entwicklungspaket (das Java SE Development Kit – JDK – oder die Java 2 Platform, Standard Edition, v1.4.2 – J2SE), das Sie zuerst auf Ihrem Rechner installieren sollten. Letzteres bekommen Sie bei Bedarf unentgeltlich unter *http://java.sun.com*. Es sollte sich mindestens um die Version 1.4.2 handeln. Als Betriebssystem kann Windows XP, Windows 2000 oder Linux w/GTK+ 2.2.1 und neuer verwendet werden. Mitte November 2006 stellte Google eine Version bereit, die neben Feinschliff beim Debugging sowie der Lokalisierung und Internationalisierung vor allem auch für Mac OS X verfügbar ist. Wir werden in dem Buch die Windows- und Linux-Version als Basis nehmen. An Hardware benötigen Sie etwa 100 Mbyte freien Platz auf der Festplatte und 512 Mbyte Hauptspeicher.

2.2 Download des GWT

Das **Google Web Toolkit SDK Package** können Sie sich kostenlos über die Internetadresse *http://code.google.com/webtoolkit/download.html* laden. Wenn Sie die Lizenzbedingungen bestätigt haben, kommen Sie auf eine Download-Seite, über die Sie die spezifische Version des GWT für Ihr Betriebssystem laden können. Zum Zeitpunkt der Bucherstellung gibt es das GWT ausschließlich für Windows, Mac OS und Linux.

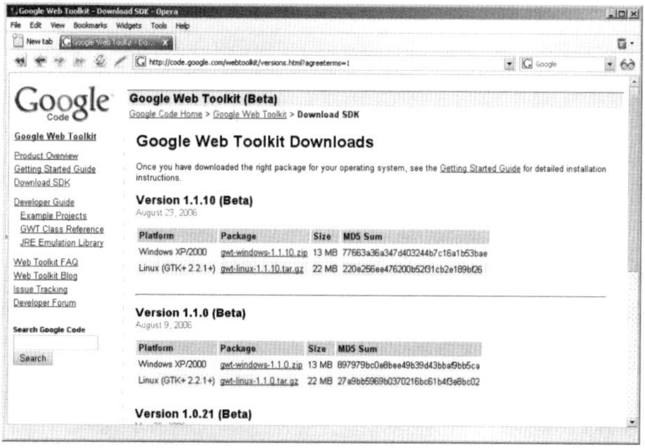

Abb. 2.1: Die Download-Seite für das GWT

2.3 Die Installation

Die Installation des GWT ist so einfach, wie man sich es nur vorstellen kann. Die aus dem Internet geladene Datei muss nur extrahiert werden. Das war es. Sämtliche Dateien, die Sie zur Arbeit mit dem GWT benötigen, befinden sich anschließend in dem Verzeichnis, das bei der Extraktion angelegt wurde.

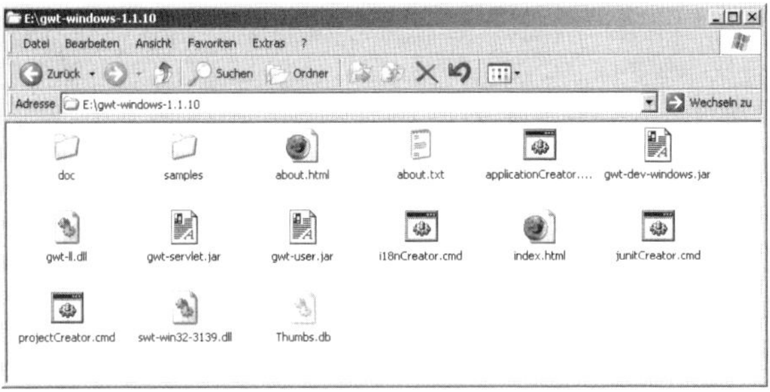

Abb. 2.2: Das Installationsverzeichnis des GWT nach der Extraktion

2.4 Die Bestandteile des GWT-Verzeichnisses

Nach der Extraktion enthält der Ordner des GWT folgende Bestandteile:

Der applicationCreator

Die wichtigste Datei für den Umgang mit dem GWT ist der **applicationCreator**. Dies ist unter Windows ein Skript vom Typ *.cmd* und unter Linux einfach eine ausführbare Datei. Damit erstellen Sie später Grundschablonen für Ihre GWT-Applikationen. Das werden wir im nächsten Kapitel an einem einfachen Beispiel durchspielen.

Die weiteren Programme

Neben dem applicationCreator finden Sie im Verzeichnis drei weitere Programme:

1. Der **projectCreator** dient zum Erstellen von GWT-Projekten für Eclipse.
2. Mit dem **junitCreator** führen Sie JUnit-Tests durch.
3. Das Tool **i18nCreator** hilft bei der Internationalisierung Ihrer Applikation. Es dient zur Erzeugung einer i18n-Eigenschaftendatei und eines Synchronisationsskripts.

Die Dokumentation

In dem Verzeichnis *doc* befindet sich nach der Installation die Dokumentation des GWT mit den relevanten Paketen und Klassen in Form von HTML-Dateien mit CSS-Formatierung. Unter der Weboberfläche firmieren dabei lokale und externe Links. Die Struktur kennt man von üblichen Javadoc-Dokumentationen. Die Dokumentation ist übrigens auch online unter *http://code.google.com/webtoolkit/documentation/* verfügbar.

Profitipp

Die Datei *gwt.html* ist die Einstiegsdatei für die Dokumentation.

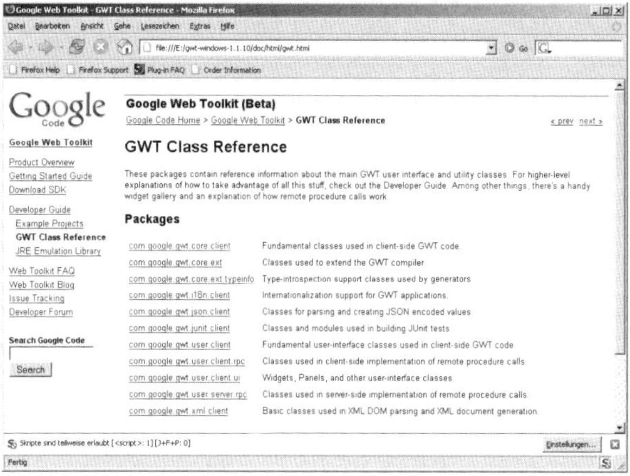

Abb. 2.3: Die Dokumentation des GWT

Die Beispiele

Das GWT enthält nach der Installation in dem entsprechenden Unterverzeichnis *samples* eine Reihe von Beispielapplikationen, die bereits wichtige Teile einer typischen Ajax-Applikation, die mit dem GWT erstellt wird, zeigen.

Insbesondere sehen Sie bereits die Möglichkeiten, wie GWT-Applikationen ausgeführt werden können. Die Demos verfügen jeweils über ein Skript, mit dem Sie das Beispiel im **Hosted-Modus** des GWT mit einem Interface aus zwei Fenstern (einem internen GWT-Browser[1] und einem Kontrollfenster mit Status- und Protokollinformationen[2]) ausführen können. Dies stellt den

1. Das so genannte Wrapper-HTML-Fenster.
2. Die Google Web Toolkit Development Shell.

so genannten **GWT Hosted Web Browser** dar, mit dem Sie Ihre GWT-Applikationen in der Java Virtual Machine ohne Übersetzung in JavaScript ausführen können.[3] Sie brauchen nichts weiter zu tun als das jeweilige Skript aufzurufen, um jede der Demoapplikationen zu testen.

Hinweis

Wenn beispielsweise das obligatorische Hallo-Welt-Beispiel startet, können Sie auch im Umkehrschluss daraus schließen, dass das GWT bei Ihnen funktioniert.

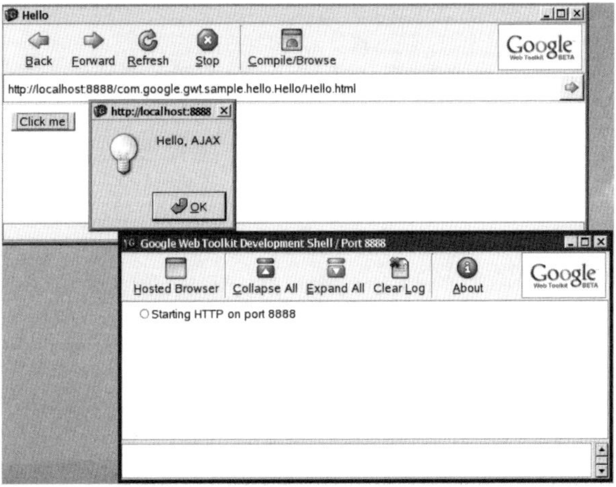

Abb. 2.4: Eine GWT-Beispielapplikation im Hosted-Modus

3. Der GWT-Browser beinhaltet unter Windows ein spezielles Browser-Control auf Basis des Internet Explorer und ein Gecko/Mozilla-Control unter Linux, das sich in der JVM verankert.

Hinweis

Wenn Sie den Hosted-Modus betrachten, wird Ihnen wahrscheinlich auffallen, dass zu dem Zeitpunkt als Server Tomcat auf Port 8080 arbeitet. Das GWT bringt eine abgespeckte Version von Tomcat mit und im Basisverzeichnis der Applikation wird auch ein *tomcat*-Verzeichnis mit Konfigurationseinstellungen abgelegt. Das Beispiel wird zu diesem Zeitpunkt als Java-Applikation in einer JVM ausgeführt.

Daneben gibt es für jede Beispielapplikation ein weiteres Skript, mit dem Sie das Beispiel aus dem Java-Code mit einem Mausklick in JavaScript, CSS und HTML übersetzen können. Anschließend können Sie das Beispiel dann im praxisbezogenen **Webmodus** ausführen.

Das bedeutet, die Applikation wird über Ihren lokalen Webserver oder einen Webserver im Internet angefordert und läuft rein im Browser auf Basis von HTML, JavaScript und CSS. Es wird zu diesem Zeitpunkt im Client keinerlei Browser-Plug-in oder die JVM benötigt. Dabei kommt zum Übersetzen der **GWT-Compiler** zum Einsatz, der das Ergebnis in dem jeweiligen Unterverzeichnis *www* jedes Beispielordners ablegt.

Profitipp

Den GWT-Compiler können Sie auch ohne das Skript aufrufen, wenn Sie die Schaltfläche COMPILE/BROWSE im Hosted-Browser-Fenster anklicken oder auf Befehlszeilenebene ***com.google.gwt.dev.GWTCompiler*** verwenden. Dieser Compiler befindet sich in der Datei *gwt-dev-windows.jar* bzw. *gwt-dev-linux.jar*.

KAPITEL 3

Erster Kontakt

3.1	Modifikation vorhandener Beispiele	37
3.2	Die GWT-Architektur	39
3.3	Erstellen einer GWT-Applikation	40

Um sich nach der Installation mit dem GWT und seinen Möglichkeiten vertraut zu machen, gibt es neben dem Testen der Beispielapplikationen wohl nichts Besseres, als mit den Quelltexten zu experimentieren und erste einfache Applikationen zu erstellen.

3.1 Modifikation vorhandener Beispiele

Wie schon im letzten Kapitel erwähnt, enthält der Installationsordner des GWT im Unterverzeichnis *samples* eine ganze Reihe von Beispielapplikationen in jeweils eigenen Verzeichnissen.

In deren Unterverzeichnis *src* befindet sich dabei wiederum jeweils der Quellcode für die spezifischen Beispiele. Die Beispiele bestehen aus einigen XML- und HTML-Dateien sowie statischen Ressourcen und normalem Java-Quellcode, den sie im Grunde in jedem beliebigen Texteditor öffnen und modifizieren können. Das funktioniert selbstverständlich auch mit den Beispieldateien, die mit dem GWT bereits mitgeliefert werden. Die Quellcodes sind in die allgemein üblichen Paketstrukturen eingebettet (s.u.).

Das Paket *client* enthält dabei nach den offiziellen Google-Projektregeln immer den Java-Code zur Erzeugung der clientseitigen Strukturen der Ajax-Applikation.

Wenn Sie das Beispiel **Hello** öffnen und die Datei *Hello.java* in einen Editor laden, sollten Sie sich mit einigen Java-Grundkenntnissen sofort zurechtfinden. Auch wenn wir an dieser Stelle die Details noch nicht tiefer beleuchten, ist sicherlich klar, was die Methode `onModuleLoad()` macht. Der Name ist Programm ;-)! Wenn das Modul geladen wird, wird der darin notierte Code ausgeführt.

Es ist nun mit etwas Java-Erfahrung eine einfache Übung, in der Methode zu erkennen, dass eine Schaltfläche mit einer bestimmten Beschriftung generiert wird. Sie können die Beschriftung auch ohne Kenntnisse der Details des GWT jederzeit ändern und auch wohl ohne Schwierigkeiten nachvollziehen, was mit `Window.alert()` gemacht wird, wenn Sie entweder die Beispielapplikation ausprobiert haben oder über wenige grundlegende JavaScript-Kenntnisse verfügen.[1]

```
public void onModuleLoad() {
  Button b = new Button("Klick mich an", new ClickListener() {
    public void onClick(Widget sender) {
      Window.alert("http://www.ajax-net.de");
    }
  });
```

Abb. 3.1: Modifikation des Java-Quelltextes eines Beispiels

Um die Änderungen wirksam werden zu lassen, brauchen Sie nichts weiter zu tun, als die Beispielapplikation nach dem Speichern erneut im Hosted-Modus laufen zu lassen. Sie können sie natürlich ebenso vollständig übersetzen und dann im Webmodus ausführen.

1. Die Anweisung generiert (wie der Bezeichner schon deutlich macht) eine JavaScript-alert()-Box.

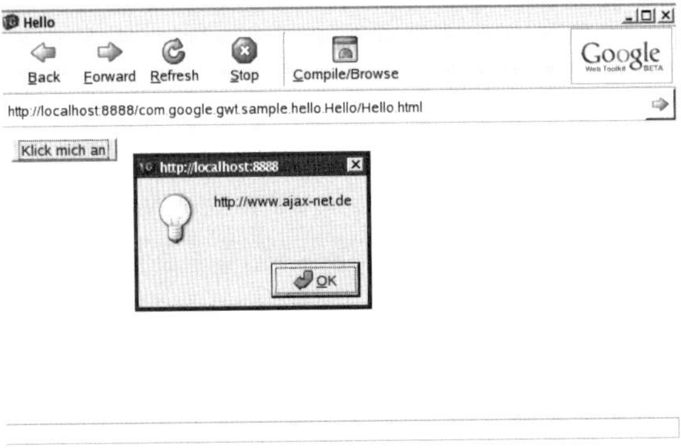

Abb. 3.2: Die modifizierte Beispieldatei

Hinweis

Obwohl die anderen Beispielapplikationen nicht ganz so primitiv sind, dürfte ein Anpassen des Java-Quelltextes kaum unüberwindbare Hindernisse beinhalten. Die GWT-Details werden zudem sukzessive in diesem Buch besprochen.

3.2 Die GWT-Architektur

Das GWT besteht aus vier Hauptkomponenten – dem schon angesprochenen Java-to-JavaScript-Compiler, dem ebenfalls schon erwähnten „hosted" Webbrowser sowie zwei Java-Klassenbibliotheken:

- Die **JRE-Emulationsbibliothek** stellt JavaScript-Implementierungen der meistgenutzten Klassen der Java-Standardklassenbibliothek zur Verfügung. Dies umfasst die meisten Klassen des Pakets `java.lang` und einen Teil der Klassen in dem Paket `java.util`. Der Rest der Java-Standardklassenbibliothek wird in der vorliegenden Version des GWT nicht nativ im GWT unterstützt.

- Die **GW- Web-UI-Klassenbibliothek** stellt einen Satz an konfigurierbaren Schnittstellen und Klassen zur Verfügung, über den Sie Webbrowser-Widgets erstellen können. Dies sind beispielsweise Schaltflächen, Eingabefelder, Bilder etc. Dies ist der Kern des GWT zur Erstellung von Benutzerschnittstellen. Der gesamte Quellcode wird dabei mit ausgeliefert und steht unter einer Open-Source-Lizenz.

3.3 Erstellen einer GWT-Applikation

Das Erstellen einer Grundstruktur für eine eigene GWT-Applikation ist erfrischend einfach. Allerdings sollten Sie dabei – zumindest am Anfang – gewisse Grundeinstellungen und Vorgaben übernehmen, wie Google sie empfiehlt. Es spricht aber ebenso viel dafür, auch später erst einmal bei diesen Vorgaben zu bleiben, wobei aber an der Stelle nicht verschwiegen werden soll, dass die vom GWT erzeugte Struktur im Grunde nur optimal für die Arbeit im Hosted-Modus ist. Das ist aber letztendlich nicht Ihre Zielplattform und bei einer professionellen Strukturierung von Projekten werden Sie später irgendwann sicher andere Strukturen wählen. Wir werden uns dennoch in diesem Buch auf die von Google vorgegebene Projektstruktur beschränken.

Die grundsätzliche Projektstruktur

GWT-Applikationen werden grundsätzlich in **Projekten** organisiert. Das dürfte professionellen Entwicklern wohl vertraut sein. Es gibt kaum noch Situationen, in denen Programme nicht auf einer Projektstruktur aufbauen. Und da wir uns mit dem GWT im Java-Umfeld bewegen, werden GWT-Projektstrukturen auf der Strukturierung von Java-Paketen aufbauen.

Zuerst einmal werden die Verzeichnis- bzw. Paketnamen wegen der Eindeutigkeit der Namensräume Java-typisch aus umgekehrten DNS-Namen zusammengesetzt. So finden sich alle Beispielapplikationen des GWT unter der Verzeichnisstruktur *com/google*. Für das konkrete GWT-Projekt hat Google den sprechenden Paketnamen *gwt* gewählt und die Beispiele befinden sich im Paket *sample*. Die gesamte Paket bzw. Verzeichnisstruktur sieht also so aus: *com/google/gwt/sample/*.

Profitipp

Für Ihre eigenen Projekte würden Sie entsprechend dieser Vorgaben Ihren gestürzten DNS-Namen als Basis nehmen (z.B. *de/rjs*) und darunter eine beliebige weitere Paketstruktur aufbauen (zum Beispiel *gwtprojekte*), die durch weitere Unterstrukturen vertieft wird.

Das Standardpaketlayout des GWT trennt das Projekt nun in clientseitigen Quellcode und serverseitigen Code sowie Ressourcen und Module:

- Innerhalb des **Wurzelverzeichnisses** (oder auch **Wurzelpaket** oder **root package**) finden Sie wichtige XML-Dateien zur Steuerung der Applikation oder – genauer – des Compilers (so genannte **Module**).
- Das Unterverzeichnis *client* beinhaltet die clientseitigen Java-Quellcodedateien. Hieraus entstehen die Teile der Applikation, die später auf dem Client ausgeführt werden. Das Verzeichnis enthält bei Bedarf weitere Unterpakete.
- Das Unterverzeichnis *server* beinhaltet die serverseitigen Quellcodedateien und Unterpakete. Hieraus entstehen die Teile der Applikation, die später auf dem Server ausgeführt werden.
- Ein weiteres Unterverzeichnis mit Namen *public* enthält die statischen Ressourcen samt weiteren Unterverzeichnissen, die

öffentlich zugänglich sein sollen. Das können Bilder sein, aber auch Stylesheet-Dateien oder HTML-Dateien.

Erstellen einer eigenen GWT-Applikation von Hand

Das GWT beinhaltet ein Kommandozeilentool mit Namen **applicationCreator**. Dieses Utility kann neben einigen weiteren Dingen automatisch alle Dateien und Verzeichnisstrukturen erstellen, um eine Grundstruktur für den Beginn eines GWT-Projekts anzulegen.

Dazu müssen Sie das Programm nur aufrufen und als Parameter den Namen Ihrer Applikation angeben, die Sie erstellen wollen. Sofern Sie dabei die Empfehlung von Google beachten und die Standardprojektstruktur einhalten, wird ein Aufruf beispielsweise wie folgt aussehen:

applicationCreator de.rjs.gwtprojekte.client.ErstesBeispiel

Der applicationCreator erstellt mit dieser Anweisung eine Anzahl an Dateien in dem Verzeichnis *src/de/rjs/gwtprojekte* inklusive einiger Grundfunktionalität auf dem Level von „Hallo Welt" in der automatisch angelegten Java-Quellcodedatei *src/de/rjs/gwtprojekte/client/ErstesBeispiel.java.*

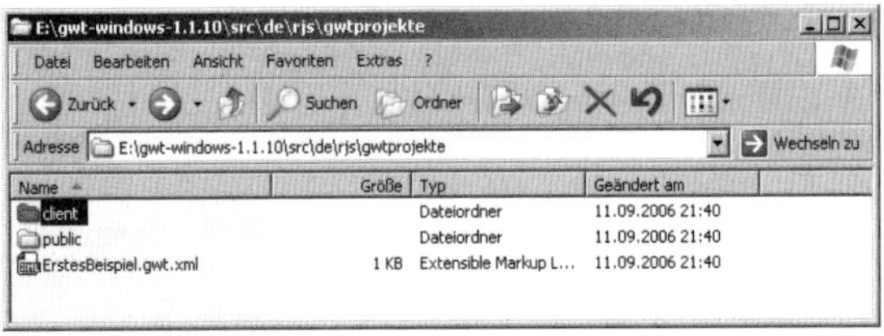

Abb. 3.3: Die erzeugte Grundstruktur der GWT-Applikation

Die Aktion hat ebenso oberhalb des Ordners *src* ein Skript mit Namen *ErstesBeispiel-shell.com*[2] bzw. *ErstesBeispiel-shell*[3] erzeugt, mit dem Sie Ihre so generierte erste GWT-Applikationen im Hosted-Modus ausführen können.

Ebenso ist ein Kompilierungsskript mit Namen *ErstesBeispiel-compile* zum Übersetzen der Applikation in JavaScript, CSS und HTML erzeugt worden. Das Ergebnis sieht genauso aus, wie Sie es aus den Beispielapplikationen des GWT kennen.

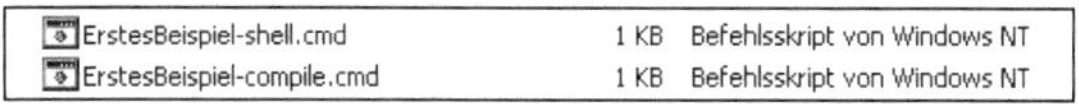

Abb. 3.4: Die beiden Skripte zum Ausführen und Übersetzen der Applikation

Um nun Ihre aktuell erstellte neue Applikation im Hosted-Modus laufen zu lassen, brauchen Sie bloß das Skript *ErstesBeispiel-shell* aufrufen.

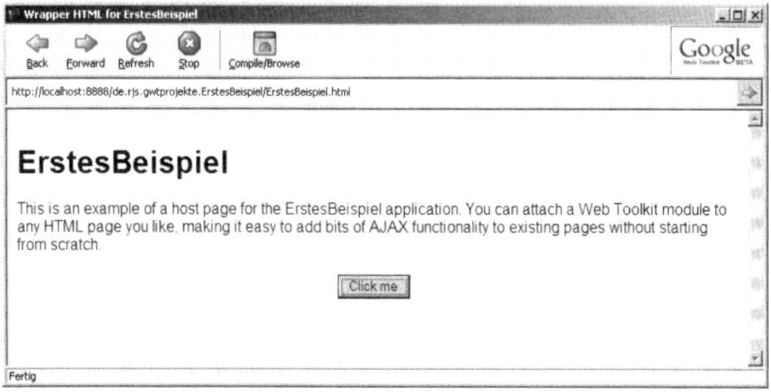

Abb. 3.5: Die generierte Datei im Hosted-Modus

2. Windows
3. Linux

Das Beispiel verfügt sogar über echte Ajax-Funktionalität, was man ihm möglicherweise erst einmal gar nicht ansieht. Wenn ein Anwender die Schaltfläche anklickt, werden Daten in die Webseite eingefügt oder weggenommen, ohne diese neu zu laden.

Abb. 3.6: Der Text neben der Schaltfläche wird ohne Nachladen der Seite eingefügt oder wieder weggenommen

Anpassen der Grundschablone

Natürlich ist es mit dem Generieren der Grundschablonen nicht getan. Sie werden die Applikation anpassen wollen und müssen.

Die entscheidenden Anpassungen werden im ersten Schritt in den Dateien *src/de/rjs/gwtprojekte/client/ErstesBeispiel.java* und *src/de/rjs/gwtprojekte/public/ErstesBeispiel.html* zu erfolgen haben.

Die HTML-Hostdatei

Wenn Sie sich die HTML-Datei in einem Editor ansehen, erkennen Sie sehr viele Kommentare, die wir ignorieren werden.

Zuerst sehen Sie im Header einen Titel und einen CSS-Bereich für das Aussehen der Webseite. Falls Sie wollen, spielen Sie damit ein wenig. Diese Dinge sind in Bezug auf Ajax und das GWT weitgehend uninteressant.

Sehr wichtig ist dagegen die Metainformation am Ende des Headers:

Listing 3.1: Die Modulreferenz

```
<meta name='gwt:module'
content='de.rjs.gwtprojekte.ErstesBeispiel'>
```

Diese **Modulreferenz** ist die Verbindung zwischen der HTML-Datei und dem Web-Toolkit-Modul. Eine Webseite mit der Verbindung zu solchen GWT-Modulen fungiert im offiziellen Sprachgebrauch als HTML-**Hostseite** oder Hostdatei.

Der eigentliche Body-Bereich der Webseite, der auch vollständig dynamisch generiert werden kann, ist sehr klein (ohne Kommentare und den englischen Beispieltext, den wir für die Anpassung eliminieren):

Listing 3.2: Die wesentlichen Teile der Webseite

```
<body>
  <script language="javascript" src="gwt.js">
  </script>
  <iframe id="__gwt_historyFrame"
  style="width:0;height:0;border:0"></iframe>
  <h1>ErstesBeispiel</h1>
  <table align=center>
  <tr><td id="slot1"></td><td id="slot2"></td>
  </tr>
  </table>
</body>
```

Als Erstes sollte die Art der Einbindung einer externen JavaScript-Datei auffallen. Es wird einmal explizit der Parameter `language` verwendet und nicht die offiziell vom W3C als Standard vorgegebene Angabe `type` für den MIME-Typ. Aber diese Angabe hat sich wegen der Probleme bei der Versionsangabe sowieso im Web nicht durchgesetzt.

Es ist jedoch etwas ungewöhnlich, dass die Referenz auf die externe JavaScript-Datei als erste Anweisung **innerhalb** des `<body>`-Bereichs notiert wird. Zwar ist es durchaus erlaubt, diese Referenz auf eine externe JavaScript-Datei an einer beliebigen Stelle in der Webseite zu notieren, aber allgemein macht man das normalerweise vor dem Body (oft im Header-Bereich). Google weist aber explizit daraufhin, dass die zur Startzeit benötigte JavaScript-Funktionalität schneller zur Verfügung steht, wenn die Referenz genau an dieser Stelle notiert wird!

Hinweis

Es ist gar nicht so unüblich, dass die Position der Referenz auf eine externe JavaScript-Datei oder auch die direkte Notation von JavaScript explizit an verschiedenen Stellen der Webseite gefordert wird, damit die Applikation entweder überhaupt funktioniert oder ein bestimmtes Verhalten zeigt. Der Grund ist die teilweise sehr diffizile Abhängigkeit vom Parsen der Webseite und der Verfügbarkeit von JavaScript-Code bzw. DOM-Objekten zu einem gewissen Zeitpunkt. Das kann sich vor allem in unterschiedlichen Browsern auch unterscheiden. Auch Frameworks, die clientseitigen Code auf Serverseite generieren, müssen mit den Unzulänglichkeiten der Interpretation von HTML und JavaScript im Client natürlich umgehen.

Die nachfolgende Struktur ist ein unsichtbares **Inline-Frame**. Die Verwendung dieses Inline-Frame ist optional. Mit diesem Trick gewährleistet das GWT jedoch die Funktionalität der **History**.

Hinweis

Bei einer Ajax-Applikation wird die Funktionalität der Browser-Historie ausgehebelt, weil der Browser das asynchrone Nachladen von Daten direkt nicht mitbekommt. Dieses Problem wird oft als eines der zentralen Ajax-Probleme angeführt. Das GWT umgeht das Problem über dieses unsichtbare Inline-Frame.

Die nachfolgende Tabelle enthält zwei Zellen, die beide mit einer ID versehen sind. Der konkrete Inhalt dieser Zellen wird aus dem Java-Quelltext erzeugt. Die eine Zelle wird in der generierten Applikation eine Schaltfläche aufnehmen und die andere Zeile mit asynchronem Nachladen abwechselnd gefüllt oder geleert. Dieser Part ist natürlich vollkommen optional und wird bei eigenen Applikationen anzupassen sein.

Die Java-Datei

Der Aufbau der Java-Datei dürfte bei einigen Java-Kenntnissen klar sein. Wir zeigen hier ohne Kommentare, Imports und die `package`-Anweisung gleich eine etwas modifizierte Variante:

Listing 3.3: Eine angepasste Java-Datei

```
public class ErstesBeispiel
  implements EntryPoint {
  public void onModuleLoad() {
    final Button button =
      new Button("Klick mich");
    final Label label = new Label();
    button.addClickListener(
      new ClickListener() {
      public void onClick(Widget sender) {
        if (label.getText().equals(""))
          label.setText(
            new java.util.Date().toString());
        else
          label.setText("");
      }
    });
    RootPanel.get("slot1").add(button);
    RootPanel.get("slot2").add(label);
  }
}
```

In der Java-Datei werden eine Schaltfläche und ein Label erzeugt. Bei der Schaltfläche wird ein Listener registriert, der auf einen Klick durch den Anwender reagiert. Wenn so ein Klick erfolgt, wird der Inhalt des Labels entweder mit dem aktuellen Systemdatum gefüllt oder geleert. Das ist einfache Java-Syntax. Die Besonderheit ist aber, dass das in einer fertigen Ajax-Applikation ohne Neuladen der Seite erfolgt.

Abb. 3.7: Das angepasste Grundbeispiel

Übersetzen in JavaScript und HTML

Nun ist es Zeit, mit dem generierten Kompilierungsskript *Erstes-Beispiel-compile* oder dem Klick auf die entsprechende Schaltfläche die Applikation in JavaScript und HTML zu übersetzen und im Webmodus zu testen. In dem Verzeichnis *www*, das beim Ausführen des Skripts parallel zu dem Verzeichnis *src* erzeugt wird, finden Sie ein Unterverzeichnis, dessen Name aus den Angaben bis zur Wurzel besteht, die Sie eben bei Ihrer Arbeit mit Java auch gesehen haben.

Dort sind allerdings nun alle benötigten Ressourcen für den Webbetrieb zusammengefasst. Es gibt natürlich die HTML-Datei

ErstesBeispiel.html, die sich nicht gegenüber der HTML-Datei verändert hat, wie wir sie im Design-Modus benutzt haben. Aber wenn Sie die Unterstützung der History beibehalten haben, finden Sie eine weitere Datei mit Namen *history.html.* Ebenso wurden die externe JavaScript-Datei mit Namen *gw.js* generiert sowie diverse weitere Ressourcen wie Steuerungsdateien auf HTML- oder XML-Basis, die das GWT intern benötigt.

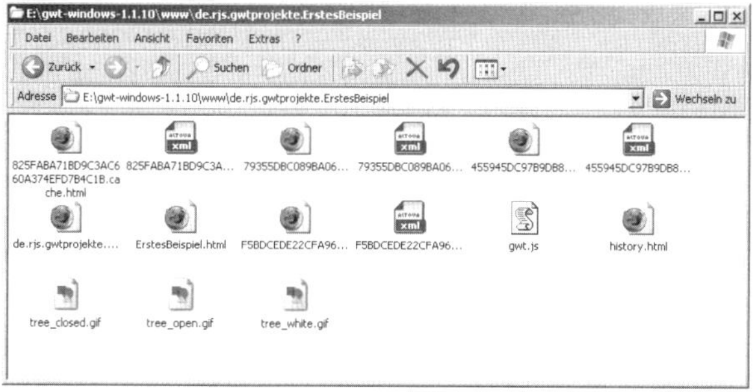

Abb. 3.8: Die generierten Dateien für den Webmodus

Wenn Sie nun die HTML-Datei *ErstesBeispiel.html* in einem Browser laden, sollte das Beispiel genauso funktionieren wie im Hosted-Modus.

Erstellen einer eigenen GWT-Applikation mit Eclipse

Das GWT ist so konzipiert, dass eine reibungslose Zusammenarbeit mit **Eclipse** möglich ist. Eclipse ist eine sehr weit verbreitete Open-Source-IDE, die unter *http://www.eclipse.org* geladen werden kann. Eclipse ist selbst in Java programmiert und kann zur Java-Programmierung, aber mit geeigneten Plug-ins auch zur Programmierung in den verschiedensten Sprachen verwendet werden.

Wie wir gerade besprochen haben, können Sie mit dem Kommandozeilentool **applicationCreator** von Hand eine Grundstruktur für den Beginn eines GWT-Projekts anlegen. Sie können damit aber auch Projekte und Konfigurationsdateien für Eclipse anlegen, um dann die Vorteile der Eclipse-IDE zu nutzen und die Applikation dort im Hosted-Modus ausführen zu können.

Um jedoch ein Eclipse-Projekt für eine neue Applikation zu erstellen, rufen Sie zuerst das Skript **projectCreator.cmd**[4] bzw. **projectCreator**[5] auf. Dieses Skript ist ebenfalls Bestandteil des GWT und erzeugt die Grundumgebung eines Eclipse-Projekts für die neue GWT-Applikation.

Wenn wir das Beispiel von eben als Basis nehmen, rufen Sie das Skript so auf:

projectCreator -eclipse ErstesBeispielEclipse

Die GWT-Applikation wird dann wieder genau wie eben mit Hilfe des ***applicationCreator*** erzeugt, nur müssen Sie zusätzlich den Parameter ***-eclipse*** und den Namen Ihres Eclipse-Projekts angeben. Beispiel:

applicationCreator -eclipse ErstesBeispiel de.rjs.gwtprojekte.client.ErstesBeispielEclipse

Wenn das erledigt ist, finden Sie zusätzlich zu den bisherigen Skripten die Dateien *.project*, *.classpath* und *ErstesBeispielEclipse.launch* in dem aktuellen Verzeichnis. Dies sind alles drei XML-Dateien mit Konfigurationseinstellungen.[6]

4. Windows
5. Linux
6. Bei Interesse öffnen Sie diese einfach einmal mit einem Editor.

Um nun Ihr Projekt in Eclipse zu öffnen, starten Sie das Programm und wählen FILE -> IMPORT. Wählen Sie EXISTING PROJECTS INTO WORKSPACE und dann das Verzeichnis, in dem Sie die Datei *.project* generiert haben.

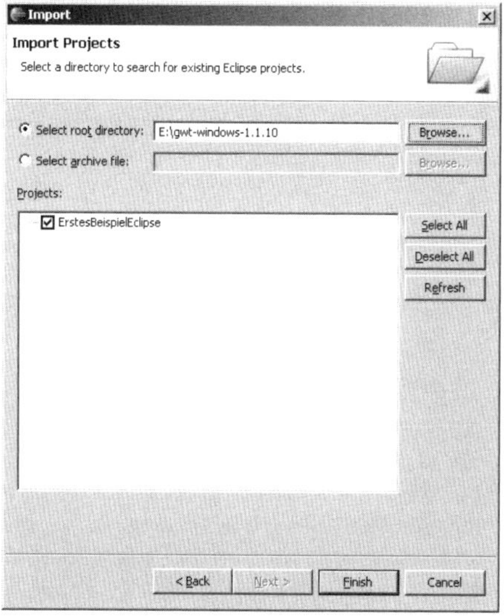

Abb. 3.9: Import des GWT-Projekts

Nach dem Import sollten Sie Ihr GWT-Projekt in Ihrem Eclipse-Workspace vorfinden.

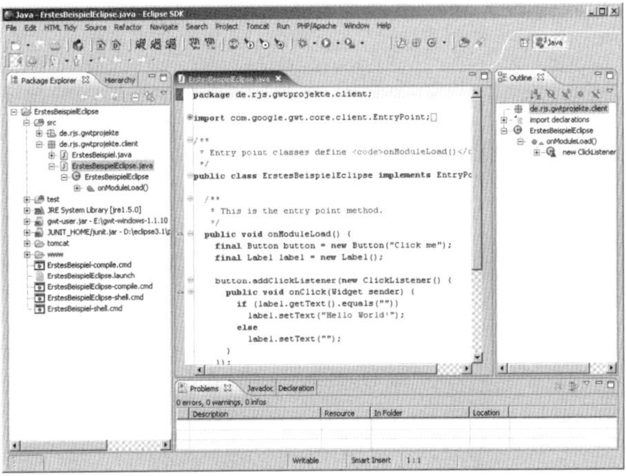

Abb. 3.10: Das GWT-Projekt in Eclipse

Über den grünen Button RUN können Sie das Projekt im Hosted-Modus ausführen. Wenn Sie mehrere GWT-Applikationen in einem Projekt zusammenfassen, wählen Sie zum Wechsel der auszuführenden Applikation den Menüpunkt RUN -> RUN... und führen dann in der Rubrik CONFIGURATIONS einen Doppelklick auf die zu startende Datei aus. Achten Sie darauf, dass als MAIN-CLASS `com.google.gwt.dev.GWTShell` eingetragen ist.

Profitipp

Ein GWT-Projekt enthält in vielen Fällen absolute Verweise zur eigenen Entwicklungsumgebung. Damit wird beispielsweise angegeben, wo sich die Datei *gwt-user.jar* befindet. Wenn man nun in dem Projekt im Team arbeitet, kommt es dadurch möglicherweise zu Problemen. Diese kann man durch die Einführung von CLASSPATH-Variablen umgehen.

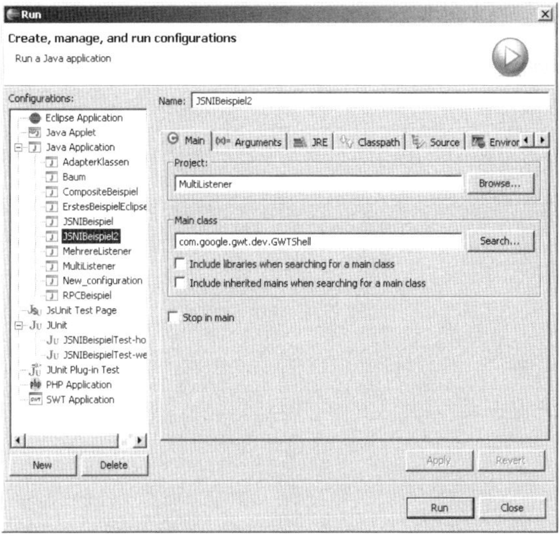

Abb. 3.11: Starten einer GWT-Applikation in Eclipse im Hosted-Modus

Kapitel 4

Vertiefende Einblicke in die Arbeitsweise des GWT

4.1 Die GWT-Module 55
4.2 Das Laden von Modulen 61
4.3 Debuggen einer GWT-Applikation 62

Wenn man den ersten Kontakt mit dem GWT hinter sich hat, sollte man ein paar vertiefende Blicke auf die interne Arbeitsweise des GWT werfen.

4.1 Die GWT-Module

Im Rahmen des GWT arbeiten zur Erstellungszeit einer Applikation im Hosted-Modus des Java-Umfelds zahlreiche Ressourcen zusammen. Aus diesen einzelnen Ressourcen wird dann bei der Übersetzung die endgültige Applikation sowohl für den Client als auch den Server erstellt, die selbst wiederum aus verschiedenen Ressourcen (Style Sheets, JavaScript-Dateien, HTML-Dateien, Servlets etc.) bestehen kann. Diese können teilweise identisch mit den Ressourcen im Erstellungsmodus sein, werden sich aber auch von diesen unterscheiden (insbesondere werden die clientseitigen Java-Ressourcen in HTML und JavaScript übersetzt). Das Klebemittel, mit dem zur Erstellungszeit die einzelnen Ressourcen verbunden werden, ist XML.

Individuelle Einheiten der GWT-Konfiguration sind reine XML-Dateien, die **Module** genannt werden. Ein Modul bündelt alle

Konfigurationseinstellungen, die Ihr GWT-Projekt benötigt. In Details sind das folgende Informationen:

- Angaben über vererbte Module
- Der Einstiegspunkt in Ihre Applikation. Genau genommen ist das der Name der Klasse, die beim Start als Erstes geladen werden soll. Im Grunde ist diese Angabe optional, aber jedes Modul, das in HTML referenziert wird, muss eine eindeutige Klasse als Einstiegspunkt haben. Wenn eine Klasse als Einstiegspunkt fungieren soll, muss die Schnittstelle `EntryPoint` implementiert werden. Das führt dazu, dass beim Laden eines Moduls automatisch die Methode `EntryPoint.onModuleLoad()` aufgerufen wird, die in der Schnittstelle deklariert und in der implementierenden Klasse überschrieben wird.
- Angaben zum Pfad der Quelltexte. Module können mit Unterpaketen angegeben werden, die übersetzbaren Quellcode enthalten. Dann müssen die angegebenen Pakete und deren Unterpakete dem so genannten **Quelltextpfad** (**Source Path**) hinzugefügt werden. Nur die Java-Dateien, die sich in diesem Pfad befinden, können in JavaScript und HTML übersetzt werden. Und zudem macht der Einsatz eines solchen Pfads die gemeinsame Verwendung bzw. Trennung von clientseitigen und serverseitigem Code im selben Klassenpfad möglich, ohne einen Konflikt zu erzeugen. Wenn Module andere Module erweitern, werden ihre Quelltextpfade kombiniert. Damit hat jedes Modul Zugriff zu dem übersetzbaren Quellcode, den es benötigt.
- Pfadangaben zu öffentlich zugänglichen Ressourcen. Wenn Module mit öffentlich zugänglichen Unterpaketen spezifiziert werden, setzt dies voraus, dass die angegebenen Pakete und deren Unterpakete zu dem **öffentlichen Pfad** (**Public Path**) hinzugefügt werden. Wenn Sie Ihre Applikation in JavaScript und HTML kompilieren, werden sämtliche Ressourcen, die in

diesem öffentlichen Pfad gefunden werden, in das Ausgabeverzeichnis des Moduls kopiert. Der Effekt ist, dass der für den Anwender sichtbare URL keinen der vollqualifizierten Paketnamen enthalten muss. Wenn Module andere Module erweitern, werden die öffentlichen Pfade kombiniert. Die Folge ist, dass jedes Modul Zugriff auf alle notwendigen statischen Ressourcen hat.

- Weitere Regeln zum Verknüpfen von Ressourcen inklusive Servlets, Eigenschaften-Providern und Klassengeneratoren

Hinweis

Module können in jedem Paket im Klassenpfad vorkommen. Allerdings empfiehlt Google ausdrücklich, dass sie sich im **Wurzelpaket** des Standardprojektlayouts befinden sollten.

Das XML-Format der Module

Module werden in XML-Dateien mit der Dateierweiterung *.gwt.xml* definiert. Wenn Sie die von Google empfohlene Standardprojektstruktur verwenden, kann die XML-Struktur sogar ganz einfach aufgebaut sein. Etwa so:

Listing 4.1: Ein einfaches XML-Modul mit der Angabe der Vererbung und der Startklasse

```
<module>
..<inherits name='com.google.gwt.user.User'/>
  <entry-point class=
  'de.rjs.gwtprojekte.client.ErstesBeispiel'/>
</module>
```

Grundsätzlich werden in den Modulen mit leeren XML-Elementen bestimmte Konfigurationen eingestellt und es wird auf gewisse Ressourcen verwiesen.

Verfügbare Elemente

Die Syntax der verfügbaren XML-Elemente zum Aufbau der Module erinnert in vielen Bereichen an die Konfiguration von bekannten Programmen wie tomcat. Aber natürlich gibt es eine eigene Menge an verfügbaren Elementen.

Vererbungsangabe

Das XML-Element `<inherits>` spezifiziert über den Parameter `name` den logischen Namen des Moduls, von dem es abgeleitet ist:

```
<inherits name='com.google.gwt.user.User'/>.
```

Dabei werden alle Einstellungen des angegebenen Moduls sowie die Inhalte der vererbten Module wörtlich kopiert. Es kann auf diese Weise eine beliebige Anzahl an Modulen vererbt werden.

Der Einstiegspunkt

Das XML-Element `<entry-point>` spezifiziert über den Parameter `class` den Einstiegspunkt in die Applikation. Beispielsweise so:

```
<entry-point
class='de.rjs.gwtprojekte.client.ErstesBeispielEclipse'/>
```

Eine beliebige Anzahl an Einstiegsklassen kann auf diese Weise angegeben werden.

Der Quelltextpfad

Das XML-Element `<source>` fügt über den Parameter `path` Pakete dem Quelltextpfad hinzu. Dabei wird das Paket, in dem das Modul zu finden ist, mit dem angegebenen Pfad zu einem Subpackage verbunden. Jede Java-Quelltextdatei in diesem Unterpaket oder jedes weitere Unterpaket darin wird zum Übersetzen vorgesehen. Wenn kein `<source>`-Element in einem Modul definiert ist, wird das Unterpaket client implizit dem Quelltextpfad hinzugefügt (das entspricht also der Angabe <source path="client">).

Der öffentliche Pfad

Das XML-Element <public> fügt über den Parameter path Pakete dem öffentlichen Pfad hinzu. Dabei wird das Paket, in dem das Modul zu finden ist, mit dem angegebenen Pfad kombiniert, um die Wurzel dieses öffentlichen Pfads zu identifizieren. Jede Datei, jedes Paket oder jedes Unterpaket, das in dem Pfad auftaucht, wird als öffentlich zugängliche Ressource behandelt.

Das <public>-Element unterstützt allerdings auch Pattern-basiertes Filtern[1], um eine sehr genaue Kontrolle über die öffentlich zugänglichen Ressourcen zu haben. Wenn kein <public>-Element in dem Modul definiert wird, wird das Unterpaket public implizit dem Pfad hinzugefügt (das ist äquivalent zu dem Eintrag <public path="public">).

Angabe von Servlets

Da das GWT im Hosted-Modus mit serverseitigem Java arbeitet, ist der Einsatz von Java Servlets sehr nahe liegend. Aber auch im Webbetrieb mit RPC stellen Servlets eine geeignete „Gegensprechanlage" dar. Das XML-Element <servlet> besitzt zwei Parameter path und class. Damit wird ein Java Servlet (Angabe der Klasse über den Parameter class) geladen, das dann über den angegebenen URL (Angabe über den Parameter path) verfügbar ist:

```
<servlet path='/calendar'
class='com.google.gwt.sample.dynatable.server.SchoolCalend
arServiceImpl'/>
```

1. Die Syntax ist an Ant angelehnt.

Der URL sollte als Verzeichnisangabe in absoluter Form angegeben werden. Im Clientcode wird dieser URL über einen Aufruf von `ServiceDefTarget.setServiceEntryPoint(String)` verwendet. Auf diese Weise können Sie eine beliebige Anzahl Servlets laden (inklusive denen, die von anderen Modulen vererbt werden).

Einfügen von externen JavaScript-Dateien

Im GWT können Sie auch direkt externe JavaScript-Ressourcen verwenden. Diese müssen im Webmodus mit den generierten Ressourcen in irgendeiner Weise verbunden sein, aber auch schon zu dem Zeitpunkt zur Verfügung stehen, wo Sie im Hosted-Modus arbeiten. Das XML-Element `<script>` fügt mit dem Parameter `src` automatisch die externe JavaScript-Datei ein.

Im Inneren des `<script>`-Elements soll man laut Google einen Test einfügen, der den Wert `true` zurückgibt, wenn das Skript geladen wurde. Dazu bedient man sich eines recht einfachen Aufbaus für den Test. In einem `if-else`-Konstrukt überprüft man mit einer Funktionsreferenz die Existenz einer beliebigen Funktion in der externen JavaScript-Datei. Etwa so:

Listing 4.2: Test, ob eine externe JavaScript-Datei geladen wurde

```
if ($wnd.test)
  return true;
else
  return false;
```

Was die Funktion konkret leistet, ist vollkommen egal. Die reine Existenz lässt den Schluss zu, dass das externe Skript vollkommen geladen wurde.

Nun gibt es noch das Problem, dass das `<script>`-Element im Sinn von XML leer ist. Deshalb schließt man diesen Test in ein CDATA-Konstrukt ein. Also beispielsweise so:

Listing 4.3: Das vollständige <script>-Element

```
<script src="meineSkript.js"><![CDATA[
    if ($wnd.test)
      return true;
    else
      return false;
  ]]></script>
```

Einfügen von externen Style-Sheet-Dateien

Im GWT können Sie auch externe Style-Sheet-Ressourcen verwenden. Das XML-Element `<stylesheet>` fügt mit dem Parameter `src` automatisch die externe Style-Sheet-Datei[2] ein. Beispiel:

```
<stylesheet src='meinStyleSheet.css'/>
```

Client-Eigenschaften erweitern

Sie können im Rahmen des GWT vorhandene Client-Eigenschaften erweitern. Dazu steht das Element `<extend-property>` im Format `<extend-property name="client-property-name" values="comma-separated-values"/>` zur Verfügung. Jegliche Anzahl an Werten kann auf diese Weise hinzugefügt werden, aber in der Praxis gibt es wenige Anwendungen dafür (hauptsächlich im Bereich der Internationalisierung).

4.2 Das Laden von Modulen

Die XML-Dateien der Module werden beim Laden über den Java-Klassenpfad gefunden, indem ihre logischen Modulnamen referenziert werden – von der Hostseite aus gesehen. Ebenso werden sie geladen, wenn sie von anderen Modulen vererbt werden.

2. Nahezu immer vom Typ CSS.

Module werden immer über ihren logischen Namen referenziert, der in jedem Fall die folgende Form aufweist:

Listing 4.4: Ein logischer Modulname

```
paket1.paket2.paket3.ModulName
```

Natürlich kann sich die Anzahl der vorangestellten Pakete unterscheiden. Der logische Name enthält aber auf keinen Fall den Dateisystempfad oder die Dateierweiterung. Wenn sich beispielsweise ein Modul im Verzeichnispfad *~/src/de/rjs/gwtprojekte* befindet und *Antwort.gwt.xml* heißt, wäre `de.rjs.gwtprojekte.Antwort` der logische Name.

4.3 Debuggen einer GWT-Applikation

Einer der größten Vorteile der Arbeit unter Java gegenüber dem Erstellen der Applikation und einem HTML/JavaScript-Umfeld ist die Möglichkeit zum komfortablen Debuggen der Ajax-Applikation. Dies erfolgt im Hosted-Modus, in dem Sie sowieso jedes Mal arbeiten, wenn Sie Ihre GWT-Applikation in einer Java-IDE wie Eclipse editieren, ausführen oder eben debuggen. Zu diesem Zeitpunkt wird die Java Virtual Machine (JVM) Ihren Applikationscode als kompilierten Java-Bytecode ausführen und dabei das GWT-System verwenden, um ein automatisch verfügbares, eingebettetes Browser-Fenster bereitzustellen.

Sie können den Hosted-Modus wie bereits beschrieben mit dem automatisch generierten Skript aufrufen, wenn Sie beim Anlegen eines GWT-Projekts ein solches erzeugen.

Um jedoch allgemein und ohne ein solches Skript eine Sitzung im Hosted-Modus zu starten, sollte Ihre Startklasse `com.google.gwt.dev.GWTShell` sein. Diese Klasse finden Sie entweder in der

Datei *gwt-dev-windows.jar*[3] oder *gwt-dev-linux.jar*.[4] Natürlich können Sie diesen Modus aber auch direkt aus Ihrer IDE heraus aktivieren und selbstverständlich ist das Debuggen innerhalb Ihrer gewohnten IDE sicher der komfortabelste und leistungsfähigste Weg.

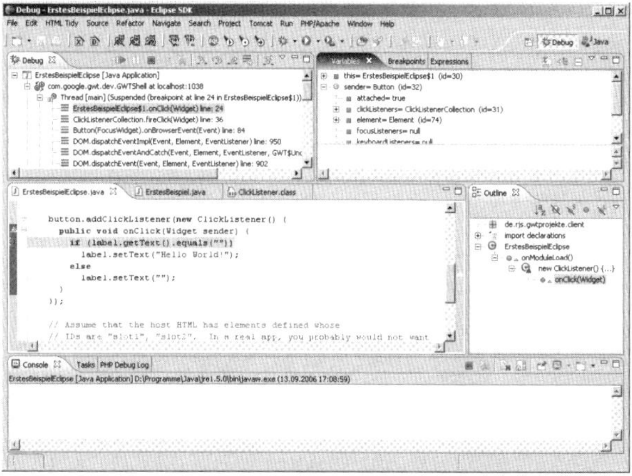

Abb. 4.1: Debuggen einer GWT-Applikation mit Eclipse

Wenn Sie beispielsweise eine GWT-Applikation in Eclipse debuggen, starten wie im Hosted-Modus üblich die interne Google Web Toolkit Development Shell und der Wrapper HTML, und Eclipse schaltet in die Debug-Perspektive um. Kommen Sie nun beispielsweise an einen Haltepunkt, können Sie wie gewohnt durch Ihren Quellcode steppen und ihn analysieren.

3. Unter Windows.

4. Unter Linux.

Profitipp

Im Hosted-Modus sucht die GWT-Entwicklungsshell nach Modulen und clientseitigem Quellcode unter Verwenden des Klassenpfads der JVM. Daher sollten alle notwendigen Ressourcen im Klassenpfad eingetragen sein.

KAPITEL 5

Erstellen von Benutzeroberflächen

5.1 Die GWT-Klassen für Benutzerschnittstellen 65
5.2 Strukturieren der Oberfläche – Widgets und Panels 66
5.3 Events, Listener und Adapter 72
5.4 Style Sheets 77
5.5 Erstellen eigener Widgets 83
5.6 Die Klassen der GWT-Web-UI-Klassenbibliothek 87

Der Kern jeder Webapplikation ist eine Benutzeroberfläche, die im Browser durch Interpretation von (X)HTML entsteht. Das GWT zeigt seine großen Stärken bei der Erstellung einer solchen GUI, indem eine Oberfläche auf Serverseite über Java-Komponenten zusammengesetzt und dann browserneutral gerendert werden kann.

5.1 Die GWT-Klassen für Benutzerschnittstellen

Die GWT-Klassen und -Schnittstellen für die Erstellung einer Benutzerschnittstelle ähneln sehr stark analogen Klassen und Schnittstellen, wie sie in anderen existierenden Frameworks und Toolkits zur Gestaltung von Benutzeroberflächen existieren (beispielsweise in Swing oder dem SWT). Die wesentliche Ausnahme ist, dass die Widgets zur späteren Laufzeit unter Verwendung von dynamisch erstelltem HTML gerendert werden und nicht als pixelorientierte Grafiken.

Mit dem Einsatz des GWT wird die Gestaltung einer dynamischen GUI auf ein Java-Oberflächenkonzept verlagert. Es ist zwar durchaus möglich, den DOM eines Browsers direkt zu manipulieren, indem man die DOM-Schnittstelle beispielsweise aus JavaScript heraus verwendet. Die Verwendung von Klassen aus der Widget-Hierarchie ist aber oft einfacher[1]. Der Hauptvorteil liegt jedoch darin, dass man bei Vermeidung eines direkten Zugriffs auf den DOM und der Verwendung von Widgets viel leichter Benutzerschnittstellen erstellen kann, die dann auch in allen relevanten Browsern korrekt funktionieren.

Grundsätzliches Erstellen einer GUI

Das praktische Erstellen einer GUI mit dem GWT ist relativ einfach, wenn man das Erstellen von grafischen Java-Applikationen gewohnt ist. Mit den spezifischen Klassen zum Erstellen eines Widget werden alle notwendigen Widgets erzeugt und anschließend auf einem Panel untergebracht. Gegebenenfalls erzeugen Sie eine Reihe Panels, die selbst wiederum weitere Panels oder auch Widgets aufnehmen, und fügen Sie diese letztendlich alle einem RootPanel hinzu. Dazu registrieren Sie alle notwendigen Ereignisse, auf die Sie reagieren wollen, und schreiben Sie die zugehörigen Ereignismethoden.

Hinweis

Wir werden in diesem Kapitel verschiedene vollständige Beispiele besprechen.

5.2 Strukturieren der Oberfläche – Widgets und Panels

Grundsätzlich werden GWT-Applikationen Benutzerschnittstellen unter Verwendung von Widgets erstellen, die wiederum in Panels enthalten sind. Dies alles ist vollkommen identisch zu der

1. Vor allem, wenn man den Aufbau des DOM nicht genau kennt.

Vorgehensweise, wie Sie normalerweise grafische Benutzerschnittstellen unter Swing oder dem SWT erstellen. Allerdings verhalten sich die Panels und Widgets des GWT teilweise nicht ganz so, wie man es von ihren Verwandten unter dem AWT oder Swing kennt. Und einige Komponenten sind auch GWT-spezifisch und haben keine direkten Gegenstücke unter dem AWT, Swing oder SWT. Daher ist eine Anwendung der GWT-Klassen und -Schnittstellen an einigen Stellen nicht ganz so intuitiv, wie es wünschenswert wäre. Allerdings kommt das GWT mit einer guten Dokumentation der Klassen daher, auf die Sie bei Bedarf zurückgreifen können. Alles in allem ist die Erstellung einer GUI mit dem GWT für geübte Java-Programmierer sicher nicht sonderlich schwierig.

Widgets

Typische GWT-Widgets sind Schaltflächen oder Baumstrukturen, wie sie aus dem AWT oder Swing bekannt sind. Das GWT stellt unter anderem die folgenden wichtigen Widget-Klassen zur Verfügung (Auswahl):

Tabelle 5.1: Wichtige Widget-Klassen

Widget-Klasse	Beschreibung
`Button`	Eine Standardschaltfläche
`CheckBox`	Ein Standardkontrollkästchen
`Composite`	Ein spezielles Widget, das andere Widgets ummanteln kann und dabei die Methoden des ummantelten Widget versteckt
`DialogBox`	Ein Popup-Fenster mit Beschriftung, das durch den Anwender verschoben werden kann

Tabelle 5.1: Wichtige Widget-Klassen (Forts.)

Widget-Klasse	Beschreibung
`FileUpload`	Ein Widget als Wrapper des HTML-Elements `<input type='file'>` zum Datei-Upload
`FlexTable`	Eine flexible Tabelle, die Zellen bei Bedarf erstellt
`Frame`	Ein Widget als Wrapper für ein IFRAME-Element
`HTML`	Ein Widget, das gewöhnliches HTML enthalten kann
`Hyperlink`	Ein Widget, das als **interner** Hyperlink fungiert. Dies ist kein „normaler“ Hyperlink, sondern ein Verweis auf einen anderen Status der laufenden Applikation (History).
`Image`	Ein Widget, das ein angegebenes Bild anzeigt
`Label`	Ein Widget, das gewöhnlichen, nichtinterpretierten Text anzeigt
`ListBox`	Ein Widget, das eine Auswahlliste oder eine Drop-down-Liste für den Anwender bereitstellt
`MenuBar`	Eine Standardmenüleiste
`MenuItem`	Ein Widget, das in einer Menüleiste platziert werden kann. Ein Eintrag wird mit `addItem()` hinzugefügt. Einem Menüeintrag wird oft eine Instanz von `com.google.gwt.user.client.Command;` zugeordnet, um bei einem Klick des Anwenders auf einen Eintrag eine Anweisung auszuführen. Alternativ kann eine kaskadierende `MenuBar` geöffnet werden.
`PasswordTextBox`	Ein Eingabefeld mit verdeckten Zeichen
`RadioButton`	Ein Optionsfeld
`TextArea`	Ein mehrzeiliges Texteingabefeld

Tabelle 5.1: Wichtige Widget-Klassen (Forts.)

Widget-Klasse	Beschreibung
`TextBox`	Ein einzeiliges Texteingabefeld
`Tree`	Ein Widget für einen hierarchischen Baum
`TreeItem`	Ein Eintrag in einem Baum. Ein Eintrag wird mit `addItem()` hinzugefügt.
`Widget`	Die Superklasse der meisten Objekte einer GUI

Die Erstellung von Widgets erfolgt vollkommen analog der Vorgehensweise, wie Sie beispielsweise unter Swing Widgets erzeugen. Beispiele:

Listing 5.1: Erzeugung verschiedener Widgets

```
TextBox textfeld = new TextBox();
TextArea textfeld = new TextArea();
CheckBox kontroll1 = new CheckBox(
"Akzeptiere AGBs");
```

Panels

Panels, auf denen wiederum andere Panels oder Widgets angeordnet werden, realisieren Sie mit Klassen wie `DockPanel`, `HorizontalPanel` oder vor allem `RootPanel`. Das GWT stellt unter anderem die folgenden Panel-Klassen zur Verfügung (Auswahl):

Tabelle 5.2: Wichtige Panel-Klassen des GWT

Panel-Klasse	Beschreibung
`AbsolutePanel`	Ein Panel zur absoluten Positionierung aller enthaltenen Elemente

Tabelle 5.2: Wichtige Panel-Klassen des GWT (Forts.)

Panel-Klasse	Beschreibung
`CellPanel`	Ein Panel, dessen Kindelemente in Tabellenzellen angeordnet werden
`DeckPanel`	Ein Panel, das alle enthaltenen Widgets übereinander geschichtet verwaltet. Es kann immer nur eines davon angezeigt werden.
`DockPanel`	Ein Panel, das seine enthaltenen Widgets an die äußeren Ecken andockt und dem letzten Widget den verbleibenden Platz zuordnet
`FlowPanel`	Ein Panel, das allen enthaltenen Widgets ihr Verhalten zuordnet, wie es mit HTML vorgegeben ist
`FormPanel`	Ein Panel als Wrapper für ein HTML-Formular (das `<form>`-Element)
`HorizontalPanel`	Ein Panel, das alle enthaltenen Widgets in einer horizontalen Zeile anordnet
`Panel`	Die abstrakte Superklasse aller Panels
`PopupPanel`	Ein Panel, das als Popup über anderen Widgets angezeigt werden kann
`RootPanel`	Das Basispanel, dem letztendlich alle anderen Widgets und Panels irgendwann hinzugefügt werden müssen. Von dem RootPanel müssen Sie keine Instanz erzeugen, sondern Sie verwenden die Klasse direkt. Das RootPanel steht immer an der Spitze der Inhaltshierarchie. Das Default-RootPanel ummantelt den gesamten Dokumentenkörper, auf den Sie mit `RootPanel.get()` zugreifen. Wenn Sie ein spezifisches Element im Dokumentenkörper ansprechen wollen, können Sie `RootPanel.get(String)` verwenden.

Tabelle 5.2: Wichtige Panel-Klassen des GWT (Forts.)

Panel-Klasse	Beschreibung
`ScrollPanel`	Ein einfaches Panel, das seinen Inhalt mit einem scrollbaren Bereich ummantelt
`SimplePanel`	Abstrakte Superklasse aller Panels, die nur ein Widget aufnehmen
`TabPanel`	Ein Panel zur überlappenden Anordnung von Seiten, die wiederum verschiedene Widgets enthalten
`VerticalPanel`	Ein Panel, das alle enthaltenen Widgets in einer vertikalen Spalte anordnet

Alle erzeugten Widgets oder auch Panels müssen im Anschluss einem Panel hinzugefügt werden. Dazu steht Ihnen für die meisten Fälle die `add()`-Methode bereit, die sicher aus der konventionellen Programmierung von grafischen Oberflächen bekannt ist.[2] Die Methode kann direkt von einer Panel-Instanz oder auch von der `get()`-Methode der `RootPanel`-Klasse bereitgestellt werden. Beispiel:

Listing 5.2: Anwenden der add()-Methode

```
RootPanel.get().add(b);
```

Hinweis

Der große Vorteil von Widgets und Panels ist, dass sie nach dem Rendern in HTML in allen relevanten Browsern auf die gleiche Art und Weise funktionieren. Indem Sie sie verwenden, eliminieren Sie die Notwendigkeit, einen spezifischen Code für jeden Browser zu schreiben. Das konkrete Aussehen

2. In einigen Fällen kommt auch `addItem()` zum Einsatz.

von Widgets wird mit Hilfe von Cascading Style Sheets (CSS) umgesetzt.

Profitipp

Sie sind auch nicht auf die mitgelieferten Widgets des Toolkit beschränkt. Sie können Widgets auf verschiedene Art und Weise selbst erstellen und im Rahmen des GWT dann weiterverwenden. Das sehen Sie etwas weiter unten in dem Kapitel.

5.3 Events, Listener und Adapter

Die Reaktion auf Ereignisse im GWT erfolgt vollkommen analog der Reaktion in anderen Benutzerschnittstellen-Toolkits unter Java. Ein Listener-Interface definiert eine oder mehrere Methoden, die das Widget aufruft, wenn ein spezifiziertes Ereignis auftritt.

Eine Klasse, die auf ein bestimmtes Ereignis reagieren möchte, implementiert das zugeordnete Listener-Interface und gibt eine Referenz auf sich selbst an das Widget weiter.

So eine anonyme Verwendung innerer Klassen sieht beispielsweise wie folgt aus (Reaktion auf einen Klick auf eine Schaltfläche über das Listener-Interface `ClickListener`):

Listing 5.3: Reaktion auf ein Ereignis über eine innere Klasse

```
final Button button = new Button("Klick ");
button.addClickListener(new ClickListener() {
  public void onClick(Widget sender) {
      // Reaktionscode auf das Ereignis
  }
});
```

Die Verwendung von anonymen inneren Klassen ist nicht immer der effektivste Weg. Gerade bei einer großen Menge an Widgets kann es unübersichtlich, aber vor allem ineffizient werden. Unter Umständen müssen Sie eine größere Anzahl an Listenern erstellen. Aber da Widgets beim Aufruf einer Listener-Methode über `this` einen Pointer auf sich selbst als `sender`-Parameter übergeben können, kann ein einzelner Listener auf Ereignisse von verschiedenen Widgets reagieren. Dies führt zu einer deutlich besseren Ausnutzung des Speichers, erfordert aber ein bisschen mehr Quellcodes.

Schauen wir uns das Verfahren einmal in einem vollständigen Beispiel an:

Listing 5.4: Reaktion auf mehrere Ereignisse mit einer Listener-Methode

```
package de.rjs.gwtprojekte.client;
import com.google.gwt.core.client.EntryPoint;
import com.google.gwt.user.client.ui.*;
public class MultiListener extends Composite
  implements ClickListener, EntryPoint {
  private Label label = new Label();
  private FlowPanel fp = new FlowPanel();
  private Button b1 = new Button("Button 1");
  private Button b2 = new Button("Button 2");
  public void onClick(Widget sender) {
    if (sender == b1) {
      label.setText("Die Antwort ist");
    } else if (sender == b2) {
      label.setText("42");
    }
  }
  public void onModuleLoad() {
    label.setText("Tausch mich aus");
```

Listing 5.4: Reaktion auf mehrere Ereignisse mit einer Listener-Methode (Forts.)

```
        b1.addClickListener(this);
        b2.addClickListener(this);
        fp.add(b1);
        fp.add(b2);
        RootPanel.get("slot1").add(fp);
        RootPanel.get("slot2").add(label);
    }
}
```

Der `ClickListener` wird bei zwei Schaltflächen registriert und die zugeordnete Ereignismethode unterscheidet über den `sender`-Parameter, welche Schaltfläche das Ereignis abgefeuert hat.

Adapterklassen

Wie aus der allgemeinen Behandlung von Ereignissen unter Java bekannt sein dürfte, spezifizieren einige Schnittstellen mehr als ein Ereignis. Sofern Sie jedoch nur an einem Ereignis interessiert sind, können Sie im GWT wie üblich auch Adapterklassen verwenden. Diese stellen syntaktisch korrekte, aber leere Implementierungen einer Ereignisschnittstelle zur Verfügung. Damit müssen Sie in einer konkreten Anwendung nur die Methoden überschreiben, an denen Sie wirklich interessiert sind, wenn Sie von so einer Adapterklasse eine Subklasse bilden oder davon direkt eine Instanz erzeugen. Beispiel:

Listing 5.5: Einsatz von Adapterklassen

```
public void onModuleLoad() {
  final TextBox  tb = new TextBox ();
  final Label label = new Label();
  tb.addKeyboardListener(
    new KeyboardListenerAdapter() {
      public void onKeyUp(Widget sender,
        char keyCode, int modifiers) {
        label.setText("" + keyCode);
        }
      });
    RootPanel.get("slot1").add(tb);
    RootPanel.get("slot2").add(label);
  }
```

Bei einem Textfeld wird ein Tastatur-Listener registriert. Statt auf alle implementierten Ereignisse (vollständiger Tastendruck, Loslassen und Drücken der Taste) zu reagieren, wird hier nur auf das Loslassen der Taste reagiert. Die Adapterklasse `KeyboardListenerAdapter` stellt sicher, dass alle anderen Methoden der Schnittstelle auch überschrieben sind.

Das GWT stellt unter anderem folgende Adapterklassen und Ereignisschnittstellen zur Verfügung (Auswahl):

Tabelle 5.3: Eine Auswahl von Adapterklassen und Ereignisschnittstellen

Adapterklasse/Schnittstelle	Beschreibung
`FocusListener`	Eine Schnittstelle für die Reaktion auf das Fokussieren eines Elements

Tabelle 5.3: Eine Auswahl von Adapterklassen und Ereignisschnittstellen (Forts.)

Adapterklasse/Schnittstelle	Beschreibung
`FocusListenerAdapter`	Eine Adapterklasse, um Listener für Fokusereignisse der `FocusListener`-Schnittstelle zu unterstützen
`KeyboardListener`	Ein Event-Listener für Tastaturereignisse
`KeyboardListenerAdapter`	Eine Adapterklasse, um Listener für Tastaturereignisse der `KeyboardListener`-Schnittstelle zu unterstützen
`MouseListener`	Ein Event-Listener für Mausereignisse
`MouseListenerAdapter`	Eine Adapterklasse, um Listener für Mausereignisse der `MouseListener`-Schnittstelle zu unterstützen

Profitipp

Mittlerweile gibt es über das Internet zahlreiche Bibliotheken mit weiteren Widgets für das GWT (teils kostenpflichtig, aber auch vielfach kostenlos) zu laden. Interessante Seiten finden Sie beispielsweise (eine kleine Auswahl) unter *http://sourceforge.net/projects/gwt-widget*, *http://gwt-widget.sourceforge.net/*, *http://gwtwidgets.blogspot.com/2006/05/announce-gwt-widget-library-002.html*, *http://gwt.components.googlepages.com/* oder *http://www.webthreads.de/category/widgel*.

5.4 Style Sheets

Die Optik von GWT-Widgets basiert auf der Verwendung von Cascading Style Sheets (CSS). Allgemein wird man jedem Widget einer GWT-Applikation eine Stilregel über CSS zuordnen, wenn man sich nicht auf die von HTML vorgegebene Optik verlassen will. Jedes GWT-Widget hat defaultmäßig einen assoziierten Stilnamen, über den es an eine CSS-Regel gebunden wird. Der assoziierte Stilname ist dabei vom Aufbau her immer gleich. Vorangestellt wird der Token `gwt` und mit einem Bindestrich nachgestellt der Name der Widget-Klasse. So lautet etwa der vorgegebene Stilname einer Schaltfläche `gwt-Button` und der Stilname einer MenuBar `gwt-MenuBar`.

In dem konkreten Style Sheet geben Sie den Selektor – wie bei Namen unter CSS üblich – mit einem vorangestellten Punkt an:

Listing 5.6: Formatierung von Button

```
.gwt-Button {
  color : red;
  font-size: 14px;
}
```

Komplexere Stile

Einige Widgets haben eine etwas komplexere Struktur, etwa Bäume oder Menüstrukturen. Dem trägt die Logik des GWT insofern Rechnung, als die Stilnamen Namensräume bilden und zwei Selektoren über ein Leerzeichen getrennt werden:

Listing 5.7: Stilname von Menüeinträgen

```
.gwt-MenuBar .gwt-MenuItem
```

Listing 5.8: Stilname von selektierten Menüeinträgen

```
.gwt-MenuBar .gwt-MenuItem-selected
```

Listing 5.9: Ein Menüeintrag

```
.gwt-Tree .gwt-TreeItem
```

Listing 5.10: Ein selektierter Menüeintrag

```
.gwt-Tree .gwt-TreeItem-selected
```

Profitipp

Der assoziierte Stilname eines Widget kann über die Methode `setStyleName()` auch individuell gesetzt werden.

Die Zuordnung von CSS-Dateien

Die Zuordnung von Stilregeln erfolgt typischerweise in einer externen CSS-Datei. Die Style-Sheet-Datei ist Teil des öffentlichen Modulpfads und wird normalerweise als Referenz in die Host-Seite integriert:

Listing 5.11: Referenz auf eine externe Style-Sheet-Datei in der Host-Seite

```
<link rel="stylesheet" href="meineStile.css" type="text/css">
```

Eine Host-Datei mit CSS-Referenz

Dies wäre zum Beispiel eine typische Host-Datei:

Listing 5.12: Eine Host-Datei

```
<html>
  <head>
    <title>Wrapper HTML für Baum</title>
    <link rel="stylesheet"
      href="meineStile.css" type="text/css">
```

Listing 5.12: Eine Host-Datei (Forts.)

```
<html>
  <head>
    <title>Wrapper HTML für Baum</title>
    <link rel="stylesheet"
      href="meineStile.css" type="text/css">
```

Die Host-Datei enthält neben den üblichen Bestandteilen für eine GWT-Applikation eine Überschrift sowie zwei <div>-Container. Alle drei Elemente sind mit einer ID versehen.

Die zugehörige Java-Datei

Schauen wir uns nun die Java-Datei an, in der die Widgets zusammengesetzt werden. Das Beispiel soll ein Menü und einen Baum erzeugen:

Listing 5.13: Die Java-Datei

```
package de.rjs.gwtprojekte.client;
import com.google.gwt.user.client.*;
import com.google.gwt.user.client.ui.*;
public class Baum implements EntryPoint {
  public void onModuleLoad() {
  // Erstellen einige Command-Objekte, die
  // aus dem Menü aufgerufen werden
    Command cmd1 = new Command() {
      public void execute() {
        Window.open(
        "http://rjs.de", "RJS", "");
      }
    };
    Command cmd2 = new Command() {
      public void execute() {
        Window.open(
        "http://www.ajax-net.de", "Ajax", "");
```

Listing 5.13: Die Java-Datei (Forts.)

```
      }
    };
    Command cmd3 = new Command() {
      public void execute() {
        Window.alert("Ja, bitte?");
      }
    };
  // 1. Menubar
    MenuBar linkMenu = new MenuBar(true);
    // Einträge in 1. Menubar
    linkMenu.addItem("Autor", cmd1);
    linkMenu.addItem("Ajax-Portal", cmd2);
  // 2. Menubar
    MenuBar meldungMenu = new MenuBar(true);
  // Eintrag in 2. Menubar
    meldungMenu.addItem("Ober", cmd3);
  // Hauptmenü
    MenuBar menu = new MenuBar();
  // Hinzufügen der Untermenüs
    menu.addItem("Links", linkMenu);
    menu.addItem("Meldung", meldungMenu);
  // Hinzufügen des Gesamtmenüs zum RootPanel
    RootPanel.get("menu").add(menu);

    // Erstellen eines Baums
    Tree t = new Tree();
  // Erstellen eines TreeItems
    TreeItem root = new TreeItem(
      "Klick mich an");
  // Hinzufügen von Baumeinträge zum TreeItem
    root.addItem("Eins");
    root.addItem("Zwei");
    root.addItem("Drei");
```

Listing 5.13: Die Java-Datei (Forts.)

```
  // Hinzufügen des TreeItem zum Baum
    t.addItem(root);
  // Hinzufügen des Gesamtbaums zum RootPanel
    RootPanel.get("baum").add(t);
  }
}
```

In dem Beispiel werden drei `Command`-Objekte erzeugt, die den Einträgen in einem Menü zugeordnet werden sollen. Zwei davon öffnen mit der `open()`-Methode der Klasse `Window` ein neues Browser-Fenster und ein Objekt zeigt mit der `alert()`-Methode einen Dialog an.

Das Menü selbst besteht aus zwei Hauptmenüpunkten. Unter dem ersten Hauptmenüpunkt gibt es zwei Einträge und im zweiten Hauptmenüpunkt einen Eintrag. Das gesamte Menü wird dem `<div>`-Container mit der ID `menu` hinzugefügt.

Der anschließend aufgebaute Baum enthält drei Einträge, die dem Baum mit der Methode `addItem()` hinzugefügt werden. Bei einem Baum können Sie allerdings nicht als zweiten Parameter ein `Command`-Objekt zuordnen, wie wir es beim Menü getan haben. Um hier eine Reaktion auf einen Anwenderklick auszulösen, müssen Sie normales Event Handling betreiben.

Meinung

Diese uneinheitliche Vorgehensweise in GWT ist sicher nicht ideal.

Die Style-Sheet-Datei

Schauen wir uns nun eine Style-Sheet-Datei an, die die Widgets formatiert:

Listing 5.14: Die externe Style-Sheet-Datei

```
#menu {
  position:absolute; left:100px; top:10px;
}
#baum {
  position:absolute; left:10px; top:150px;
}
#ueberl {
  position:absolute; left:200px; top:100px;
  background:#0000BF;
}
.gwt-MenuBar {
  background:#C0C0C0;
  color:black;
  border:solid;
  border-width:1px;

 }
.gwt-MenuBar .gwt-MenuItem {
  color:#0000BF;
}
.gwt-Tree {
  background:#C0C0C0;
  color:red;
  border:solid;
  border-width:1px;
 }
.gwt-Tree .gwt-TreeItem {
 color:black;
 }
```

In der Style-Sheet-Datei werden zuerst für die IDs in der Host-Datei Positionen festgelegt. Anschließend werden die Default-Stilnamen für Menüs und Bäume verwendet, um diese zu formatieren.

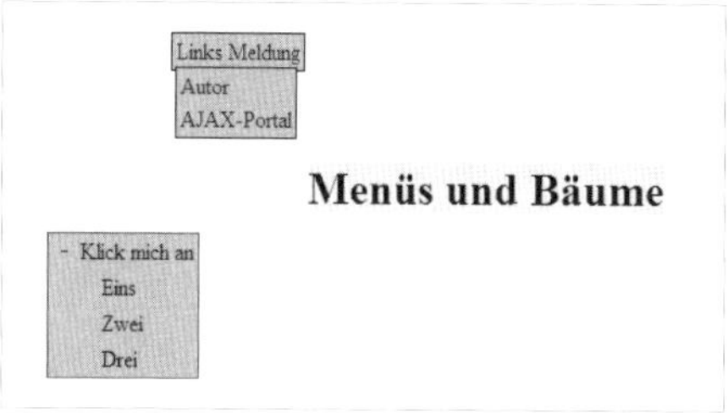

Abb. 5.1: Mit CSS formatierte Elemente in der Webseite

5.5 Erstellen eigener Widgets

Das Erstellen eigener Widgets erfolgt in GWT meist auf Basis von Java, obwohl man auch direkt JavaScript verwenden kann.[3] Dazu nutzen Sie in der Regel die Klasse `Composites` als Grundlage. Darüber können Sie bestehende Widgets kombinieren und daraus ein neues Widget erzeugen. Der wesentliche Unterschied zur Verwendung eines Panels ist, dass Sie über die Verwendung von `Composite` die Kontrolle darüber haben, welche Bestandteile Ihres neuen Widget von außen zugänglich sind und dass Ihr Widget durch keine Panel-spezifischen Elemente „verschmutzt" wird.

Schauen wir uns ein konkretes Beispiel an. Das nachfolgende, selbst definierte Widget erlaubt es dem Anwender, bei einem Eingabefeld umzuschalten, ob die Anwendereingabe verdeckt erfolgt (also so etwas wie ein Passwortfeld) oder die Zeichen sichtbar sind. Beachten Sie auch die Kommentare im Quellcode, die den Aufbau beschreiben:

3. Letzteres wird von Google eigentlich nicht empfohlen und wir verfolgen es hier auch nicht.

Listing 5.15: Erzeugen eines eigenen Widget

```
package de.rjs.gwtprojekte.client;
import com.google.gwt.core.client.*;
import com.google.gwt.user.client.ui.*;
public class CompositeBeispiel implements EntryPoint {
  private static class TextOderPasswortFeld
    extends Composite implements ClickListener {
    private TextBox textBox = new TextBox();
    private PasswordTextBox ptextBox =
      new PasswordTextBox();
    private CheckBox checkBox =
      new CheckBox();
    public TextOderPasswortFeld(
      String caption) {
  // Positionieren einer Checkbox über den
  // beiden Texteingabefeldern in einem
  // vertikalen Panel.
      VerticalPanel panel =
        new VerticalPanel();
      panel.add(checkBox);
      panel.add(textBox);
      panel.add(ptextBox);
  // Wegblenden des Passwortfeldes
      ptextBox.setVisible(false);
  // Beschriftung der Checkbox
      checkBox.setText(caption);
  // Deaktivieren der Checkbox in der
  // Grundeinstellung
      checkBox.setChecked(false);
  // Registrieren eines Klick-Listeners
      checkBox.addClickListener(this);
  // Alle Widgest auf Basis von Composites
  // müssen setWidget() in ihrem Konstructor
  // aufrufen
```

Listing 5.15: Erzeugen eines eigenen Widget (Forts.)

```
    initWidget(panel);
// Vergabe eines Stilnamens für das neue
// Widget
    setStyleName(
      "beispiel-TextOderPasswortFeld");
  }
// Die Reaktionsmethode auf ein Klick in die
// Checkbox
  public void onClick(Widget sender) {
    if (sender == checkBox) {
// Wenn die Checkbox selektiert ist
      if (checkBox.isChecked()) {
// Textbox unsichtbar und leer
        textBox.setVisible(false);
        textBox.setText("");
// Passwortfeld sichtbar und fokusiert
        ptextBox.setVisible(true);
        ptextBox.setFocus(true);
      }
// Wenn die Checkbox nicht selektiert ist
      else {
// Textbox sichtbar und fokusiert
        textBox.setVisible(true);
        textBox.setFocus(true);
// Passwortfeld unsichtbar und leer
        ptextBox.setVisible(false);
        ptextBox.setText("");
      }
    }
  }
// Setter und Getter für die Beschriftung
// des neuen Widgets. Nur diese Methoden
// sind nach außen verfügbar
```

Listing 5.15: Erzeugen eines eigenen Widget (Forts.)

```
    public void setCaption(String caption) {
      checkBox.setText(caption);
    }
    public String getCaption() {
      return checkBox.getText();
    }
  }
  // Methode, die beim Laden ausgeführt wir
  public void onModuleLoad() {
    // Erzeugen des neuen Widgets
    TextOderPasswortFeld topf =
      new TextOderPasswortFeld(
      "Anklicken, wenn die Eingabe verdeckt erfolgen soll");
  // Hinzufügen zum RootPanel
    RootPanel.get().add(topf);
  }
}
```

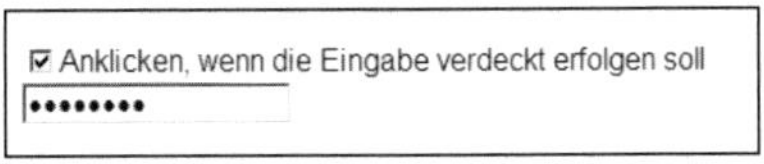

Abb. 5.2: Das neue Widget – hier mit der Auswahl der verdeckten Eingabe

Profitipp

Grundsätzlich ist es auch möglich, ein eigenes Widget von Grund auf aus Java zu erzeugen. Wenn man ein Widget jedoch auf Basis bestehender Widgets zusammenfügt, benötigen Sie erheblich weniger Quellcode und die Sache ist viel einfacher.

5.6 Die Klassen der GWT-Web-UI-Klassenbibliothek

Die Erstellung von Widgets und Panels basiert auf den Klassen der **GWT-Web-UI-Klassenbibliothek** bzw. **GWT-Klassenreferenz** mit ergänzenden Hilfsklassen, die wie üblich in Paketen organisiert sind.

Tabelle 5.4: Die GWT-Klassenreferenz

Paket	Beschreibung
`com.google.gwt.core.client`	Fundamentale Klassen, die im clientseitigen GWT-Code verwendet werden
`com.google.gwt.core.ext`	Klassen zur Erweiterung des GWT-Compilers
`com.google.gwt.core.ext.typeinfo`	Klassen zur Unterstützung der Typ-Introspection. Diese Klassen werden von Generatoren verwendet.
`com.google.gwt.i18n.client`	Unterstützung der Internationalisierung bei GWT-Applikationen
`com.google.gwt.json.client`	Klassen zum Parsen und Erstellen von JSON-kodierten Werten
`com.google.gwt.junit.client`	Klassen und Module, die bei der Erstellung von JUnit-Tests zum Einsatz kommen
`com.google.gwt.user.client`	Fundamentale Klassen für Benutzerschnittstellen, die im clientseitigen GWT-Code Verwendung finden

Tabelle 5.4: Die GWT-Klassenreferenz (Forts.)

Paket	Beschreibung
`com.google.gwt.user.client.rpc`	Klassen, die die clientseitige Implementierung von RPCs ermöglichen
`com.google.gwt.user.client.ui`	Widgets, Panels und andere Klassen zur Erstellung einer GUI
`com.google.gwt.user.server.rpc`	Klassen, die die serverseitige Implementierung von RPCs unterstützen
`com.google.gwt.xml.client`	Basisklassen zur Unterstützung der XML-Verarbeitung über DOM-Parsing und der Erstellung von XML-Dokumenten

Kapitel 6

Remote Procedure Calls

6.1 Erstellen eines Services 90

6.2 Implementierung des Services 93

6.3 Der konkrete Aufruf einer entfernten Methode 93

6.4 Ein vollständiges Beispiel 94

Der typische Unterschied zwischen einer traditionellen Webseite und einer Ajax-Applikation ist, dass bei Ajax nicht jedes Mal eine vollständige Webseite angefordert werden muss, wenn nur ein Teil der Seite ausgetauscht werden soll. Dieser Unterschied trifft damit auch auf eine GWT-Applikation zu, wenn diese mit dem Server kommunizieren will. Dennoch muss natürlich auch eine GWT-Applikation Daten per HTTP vom Server bei Bedarf anfordern und in einer Seite einbauen. Der Mechanismus, um bei einer GWT-Applikation aus einem Browser heraus auf diese Weise mit dem Server über das Netzwerk zu interagieren, heißt **Remote Procedure Call** oder kurz **RPC**. Das GWT RPC erleichtert sowohl dem Client als auch dem Server den Austausch von Java-Objekten via HTTP[1]. Zum Erstellen von entfernten Aufrufen steht im GWT eine kleine Familie an Hilfsklassen und -schnittstellen zur Verfügung. Einige dieser Klassen (z.B. der Service-Proxy) werden beim Ausführen einer GWT-Applikation im Hintergrund automatisch generiert und der typische GWT-Programmierer bekommt überhaupt nichts davon mit, dass sie überhaupt vorhanden sind.

1. Und nicht zuletzt auch dem Programmierer ;-)

Der Grundaufbau aller GWT-Hilfsklassen sieht weitgehend gleich aus und entspricht grundsätzlich dem, wie auch andere RPC-Mechanismen aufgebaut sind.

Hinweis

Der serverseitige Code, der von einem Client aufgerufen wird, wird sehr oft als **Service** bezeichnet. Dies ist aber **nicht** identisch mit dem, was allgemein unter **Web Service** bekannt ist. Insbesondere haben GWT-Services **nichts** mit dem **Simple Object Access Protocol** (**SOAP**) zu tun.

6.1 Erstellen eines Services

Das Erstellen einer neuen Serviceschnittstelle beginnt in der Regel mit der Erstellung einer clientseitigen Java-Schnittstelle, die selbst wiederum die Schnittstelle `com.google.gwt.user.client.rpc.RemoteService` erweitert:

Listing 6.1: Die Erweiterung der Schnittstelle RemoteService

```
public interface MeinService
  extends RemoteService {
  public String meineMethode(String s);
}
```

Diese synchrone Schnittstelle ist die Definition der Servicespezifikation. Jede Implementierung eines Services auf Serverseite muss die Schnittstelle `com.google.gwt.user.server.rpc.RemoteServiceServlet` erweitern und zudem diese Serviceschnittstelle implementieren.

Bei `RemoteServiceServlet` handelt es sich um eine Subklasse eines **HTTPServlet**, das sowohl alle implementierten Methoden der Serviceschnittstelle aufruft als sich auch um das Serialisieren und Deserialisieren der Parameter und den Rückgabewert kümmert:

Listing 6.2: Eine Klasse als Erweiterung von RemoteService-Servlet

```
public class MeineServiceImpl extends
  RemoteServiceServlet implements MeinService {
  public String meineMethode(String s) {
    // Ausführen von Code auf dem Server.
    return s;
  }
}
```

Profitipp

Beim Verwenden von entfernten Aufrufen im GWT müssen sowohl die Methodenparameter als auch der Rückgabetyp serialisierbar sein. Jeder primitive Datentyp ist serialisierbar, aber auch `String` und `Date` sowie primitive Wrapper-Typen wie `Character` oder `Double`. Ein Typ ist ebenfalls serialisierbar, wenn er mindestens eine serialisierbare Subklasse hat. Ebenso ist ein Array serialisierbar, wenn es aus serialisierbaren Typen besteht. Und letztendlich kann man auch Klassen selbst serialisierbar erstellen. Das ist dann der Fall, wenn die Klasse `IsSerializable` zuzuweisen ist oder alle nichttransienten Felder serialisierbar sind. Beachten Sie, dass `IsSerializable` aber trotz der Namensähnlichkeit nichts mit `java.io.Serializable` zu tun hat.

Asynchronous Interfaces

Bevor Sie einen entfernten Aufruf vom Client aus durchführen können, muss dort noch eine weitere Schnittstelle erstellt werden. Diese sorgt für die asynchrone Kommunikation und basiert auf der Originalserviceschnittstelle. Der Name dieser Schnittstelle ist auch explizit an den Namen der Serviceschnittstelle gekoppelt. Dem Bezeichner der Serviceschnittstelle wird nur der Token `Async` nachgestellt. Wenn also die Serviceschnittstelle wie oben

MeinService heißt, muss die asynchrone Schnittstelle *MeinServiceAsync* heißen. Beide Schnittstellen müssen sich auch im gleichen Paket befinden.

Im Inneren der Schnittstelle werden die gleichen Methoden wie in der Serviceschnittstelle notiert. Nur werden sie immer um einen Parameter vom Typ `com.google.gwt.user.client.rpc.AsyncCallback` ergänzt.[2] Beispiel:

Listing 6.3: Das asynchrone Gegenstück der Schnittstelle Mein-Service

```
interface MeinServiceAsync {
  public void meineMethode(
    String s, AsyncCallback callback);
}
```

Die Schnittstelle `AsyncCallback` stellt zwei Methoden bereit. Wenn ein entfernter Aufruf erfolgreich war, wird die Methode `onSuccess(Object)` aufgerufen. Andernfalls erfolgt der Aufruf von `onFailure(Throwable)`.

Ihnen sollte auffallen, dass im Beispiel die spezifizierte Methode in der asynchronen Schnittstelle keinen Rückgabewert liefert,[3] während die Methode in der Serviceschnittstelle in dem Beispiel einen Rückgabewert vom Typ `String` hat.

Der Grund ist folgender: Das Wesen asynchroner Methodenaufrufe erfordert, dass der Aufrufer ein **Callback-Objekt** erhält, über das mittels der Eigenschaften `onSuccess` oder `onFailure` erkannt werden kann, wann der asynchrone Aufruf vollständig abgearbeitet wurde oder ob es einen Fehler gab. Wenn der asynchrone Aufruf erfolgreich durchgeführt wurde, wird die gesamte

2. Der letzte Parameter in der Parameterliste.

3. Hier wird **immer** `void` stehen.

Antwort der entfernten Methode an den Aufrufer über dieses Callback-Objekt weitergereicht.

6.2 Implementierung des Services

Der serverseitige Code eines GWT-Services, der auf eine Anfrage eines Clients reagiert, basiert auf der Servlet-Architektur (aber eben eine Erweiterung von `RemoteServiceServlet` statt eine direkte Erweiterung von `HttpServlet`).

Hinweis

Der Service implementiert **nicht** die asynchrone Version der Serviceschnittstelle, sondern immer nur die Serviceschnittstelle.

Um die Serviceimplementierung nun automatisch zu laden, verwendet man entsprechend den `<servlet>`-Tag in dem Konfigurationsmodul der Applikation. Die GWT-Entwicklungsumgebung beinhaltet eine eingebettete Version von Tomcat, womit zur Entwicklungszeit das Servlet verwendet und die Applikation getestet werden kann.

6.3 Der konkrete Aufruf einer entfernten Methode

Der konkrete Aufruf einer entfernten Methode folgt immer dem gleichen Schema:

1. Instanzieren der Serviceschnittstelle via „deferred binding".[4] Dazu verwenden Sie die Klassenmethode `com.google.gwt.core.client.GWT.create()`. Das Argument der Methode muss

4. Beim so genannten „deferred binding" werden Routinen in gemeinsam genutzten Bibliotheken nicht dazu gebunden, bis sie wirklich referenziert werden. Das beschleunigt unter anderem den Start von Applikationen erheblich.

ein Klassenliteral sein (das Service-Interface). Der Rückgabewert ist eine neue Instanz, die gegebenenfalls per Typcast auf den gewünschten Typ (in der Regel das korrespondierende Async-Interface) gecastet werden muss.

2. Angabe eines URL, der den Einstieg für den Service-Proxy markiert. Dazu verwendet man `com.google.gwt.user.client.rpc.ServiceDefTarget`. Dies ist eine Schnittstelle, die von clientseitigen RPC-Proxyobjekten implementiert wird.
3. Angabe der Stelle, wo das Servlet zu finden ist. Hier hilft die Methode `com.google.gwt.core.client.GWT.getModuleBaseURL()` weiter, der der symbolische Name des Servlets aus dem GWT-Modul angehängt wird. Allgemein liefert diese Methode den URL-Präfix (mit Slash am Ende) des GWT-Moduls.[5]
4. Setzen des URL der Service-Implementierung.
5. Erstellen eines asynchronen Callback-Objekts. Darüber wird zur Kenntnis genommen, wann der RPC vollständig durchgeführt wurde.
6. Durchführen des konkreten entfernten Aufrufs.

6.4 Ein vollständiges Beispiel

Schauen wir uns zur Verdeutlichung des gesamten Vorgangs ein praktisches Beispiel an, das bei Bedarf im Quelltext mit Kommentaren die entscheidenden Stellen erläutert. Das Beispiel soll beim Klick auf eine Schaltfläche vom Server das aktuelle Datum anfordern und dieses ohne Neuladen der Webseite in der Seite anzeigen.

5. Dies kann neben der Bestimmung eines RPC-Einstiegpunkts auch zur Lokalisierung von Dateien in dem Public-Pfad verwendet werden.

Die HTML-Host-Datei

Schauen wir uns zuerst die Host-Seite an:

Listing 6.4: Die Host-Datei

```
<html>
<head>
  <meta name='gwt:module'
    content='de.rjs.gwtprojekte.RPCBeispiel'>
</head>
<body>
  <script language="javascript"
    src="gwt.js"></script>
  <iframe id="__gwt_historyFrame"
  style="width:0;height:0;border:0"></iframe>
  <h1>RPCBeispiel</h1>
  <div><script>document.write(
    new Date());</script></div>
  <div id="slot1"></div><div id="slot2"></div>
</body>
</html>
```

Bei der Host-Datei handelt es sich wieder um eine einfache HTML-Seite, die eine Referenz auf das GWT-Modul enthält. Im Körper der Webseite werden wieder eine Schaltfläche und ein Label angezeigt. In dem Label soll die Antwort des Servers (das Systemdatum) ausgegeben werden.

Hinweis

Beachten Sie, dass zusätzlich in der Webseite auch mit JavaScript direkt ein Datum ausgegeben wird. Dieses soll nur dazu dienen zu beweisen, dass die Webseite beim Anfordern des Datums vom Server nicht neu geladen wird. Dieses Datum wird einmal beim Laden der Seite vom Client geschrieben und bleibt dann bei jedem Klick auf die Schaltfläche unverändert.

Das GWT-Modul

Das in der Host-Datei referenzierte GWT-Modul *RPCBeispiel.gwt.xml* sieht wie folgt aus (ohne Kommentare):

Listing 6.5: Das GWT-Modul

```
<module>
<inherits name='com.google.gwt.user.User'/>
<entry-point
class='de.rjs.gwtprojekte.client.RPCBeispiel'/>
<servlet path='/meinservice'
class='de.rjs.gwtprojekte.server.DatumServiceImpl'/>
</module>
```

Beachten Sie vor allen die Referenz auf das Servlet mit Namen *DatumServiceImpl*. Es steht im Java-Code über den symbolischen Namen `meinservice` zur Verfügung.

Die Serviceschnittstelle

Die Serviceschnittstelle *DatumService* stellt nur eine Methode mit Namen `meineMethode()` bereit und sieht wie folgt aus:

Listing 6.6: Die Serviceschnittstelle

```
package de.rjs.gwtprojekte.client;
import com.google.gwt.user.client.rpc.RemoteService;
public interface DatumService extends RemoteService {
  public String meineMethode();
}
```

Die asynchrone Schnittstelle

Die zugehörige asynchrone Schnittstelle mit Namen *DatumServiceAsync* muss dementsprechend wie folgt aussehen:

Listing 6.7: Die asynchrone Schnittstelle

```
package de.rjs.gwtprojekte.client;
import com.google.gwt.user.client.rpc.AsyncCallback;
public interface DatumServiceAsync {
  public void meineMethode(
    AsyncCallback callback);
}
```

Das Servlet

Das Servlet *DatumServiceImpl*, das den GWT-Service liefert, sieht folgendermaßen aus:

Listing 6.8: Die Serverseite

```
package de.rjs.gwtprojekte.server;
import
com.google.gwt.user.server.rpc.RemoteServiceServlet;
import java.util.*;
import de.rjs.gwtprojekte.client.DatumService;
public class DatumServiceImpl extends
  RemoteServiceServlet implements DatumService {
  public String meineMethode(String s) {
    return new Date().toLocaleString();
  }
}
```

Die Clientseite

Nun fehlt noch die Clientseite, in der der entfernte Aufruf erfolgt. Hier ist das Meiste zu tun. Das Listing entspricht in Bezug auf die reine Oberfläche den bisherigen Beispielen und ergänzt die oben genannten Schritte für die Verwendung von RPC. Diese sind mit Kommentaren gekennzeichnet.

Listing 6.9: Die Clientseite

```
package de.rjs.gwtprojekte.client;
import com.google.gwt.core.client.*;
import com.google.gwt.user.client.rpc.*;
import com.google.gwt.user.client.ui.*;
public class RPCBeispiel implements EntryPoint {
  public void onModuleLoad() {
    final Button button = new Button("Klick");
    final Label label = new Label();
  // Erstellen des Client-Proxies
    final DatumServiceAsync req =
      (DatumServiceAsync) GWT.create(
      DatumService.class);
  // Einstieg für den Service-Proxy
    ServiceDefTarget endpoint =
      (ServiceDefTarget) req;
  // Angabe, wo das Servlet zu finden ist
    String moduleRelativeURL =
      GWT.getModuleBaseURL() + "meinservice";
  // Setzen des URL der Service-Implementation
    endpoint.setServiceEntryPoint(
      moduleRelativeURL);
  // Erstellen eines asynchronen Callback zum
  // Behandeln von dem Ergebnis
    final AsyncCallback callback =
      new AsyncCallback() {
        public void onSuccess(Object result) {
        // Aufruf war erfolgreich
        label.setText(result.toString());
        }
        public void onFailure(
          Throwable caught) {
        // Aufruf resultier in Fehler
```

Listing 6.9: Die Clientseite

```
          System.out.println(
            caught.getMessage());
        }
      };
    button.addClickListener(
        new ClickListener() {
      public void onClick(Widget sender) {
        req.meineMethode(callback);
      }
    });
    RootPanel.get("slot1").add(button);
    RootPanel.get("slot2").add(label);
  }
}
```

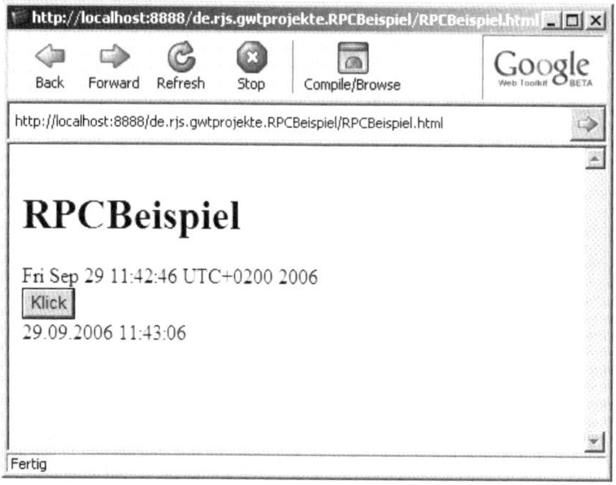

Abb. 6.1: Das Datum wurde vom Server angefordert

Abb. 6.2: Das untere Datum wurde aktualisiert, aber die Seite wurde nicht neu geladen, wie das obere Datum beweist

RPC in Produktion bringen

Um RPC in Verbindung mit dem GWT verwenden zu können, können Sie zur Bereitstellung des Services jede Form von Servlet-Container verwenden. Sie müssen bloß gewährleisten, dass der Clientcode richtig konfiguriert ist, um den Service über den URL aufzurufen, auf den das Servlet in der Datei *web.xml* gemappt ist.

Kapitel 7

JavaScript Native Interface

7.1 Einsatz nativer JavaScript-Methoden 102
7.2 Aus JavaScript auf Java-Methoden und -Felder zugreifen 104
7.3 Objekte in Java und JavaScript benutzen 107
7.4 JSNI und Ausnahmen 109

Wenn Sie eine GWT-Applikation erstellen, übersetzt der GWT-Compiler Ihren Java-Code – gegebenenfalls unter Verwendung zusätzlicher Ressourcen – für die endgültige Webapplikation in HTML, CSS und JavaScript. Unter gewissen Umständen ist es jedoch sinnvoll, von Hand erstellten JavaScript-Quellcode mit Java-Quellcode zu mischen. Im einfachsten Fall schreiben Sie JavaScript-Code in die HTML-Hostdatei und die beiden Welten (Java und JavaScript) existieren zur Design-Zeit einfach unabhängig voneinander.

Auf der Basis des **Java Native Interface** (**JNI**) stellt das GWT aber auch das **JavaScript Native Interface** (**JSNI**) zur Verfügung. Darüber können Sie JavaScript-Aufrufe direkt als native Aufrufe in den Java-Quellcode implementieren, Java-Methoden umgekehrt auch in JavaScript einbauen, mit Java-Methodensignaturen existierende JavaScripts ummanteln, Ausnahmen über die Java/JavaScript-Grenzen hinweg auswerfen, Java-Felder aus Java-

Script heraus lesen und schreiben und im Hosted-Modus sowohl den Java-Quellcode[1] als auch den JavaScript-Code[2] debuggen.

Dies eröffnet zahlreiche Möglichkeiten[3], birgt jedoch auf der anderen Seite die Gefahr von Browser-Abhängigkeit[4], Speicherproblemen und ineffektivem Code. Google empfiehlt explizit, diese Möglichkeit des Mischens von Java und JavaScript nur sehr sparsam einzusetzen.

Profitipp

Wenn Sie auf das aktuelle Fenster des Browsers aus dem JSNI-Umfeld zugreifen wollen, steht Ihnen die Variable `$wnd` zur Verfügung. Auf die Webseite und enthaltene Objekte können Sie über `$doc` zugreifen. Das kompilierte Skript befindet sich in einem eingebetteten Frame und `$wnd` sowie `$doc` werden automatisch bei der Initialisierung des GWT erstellt und verweisen auf das Fenster der Seite und das Dokument.

7.1 Einsatz nativer JavaScript-Methoden

Allgemein werden in Java native Methoden wie abstrakte Methoden ohne konkrete Implementierung deklariert. JSNI-Methoden werden zwar als nativ deklariert (also ohne Java-Implementierung), enthalten jedoch den JavaScript-Code in einem speziell formatierten Kommentarblock zwischen dem Ende der Parameterliste und dem abschließenden Semikolon. Ein JSNI-Kommentarblock beginnt mit dem Token /*-{ und endet mit dem Token }-*/.

1. Wie üblich mit einem Java-Debugger.
2. Mit einem JavaScript-Debugger – zum Zeitpunkt der Bucherstellung ist das nur unter Windows möglich.
3. Insbesondere den sehr einfachen Zugriff auf den DOM aus der Java-Umgebung per JavaScript.
4. Was man beim Einsatz des GWT ja eigentlich explizit vermeiden will.

Der Aufruf von JSNI-Methoden erfolgt wie der von normalen Java-Methoden. Es gibt sie sowohl als statische Methoden als auch als Instanzmethoden. Beispiel:

Listing 7.1: Abfrage des aktuellen URL der Seite

```
public static native String holeURL() /*-{
  return $wnd.location.href;
}-*/;
public void onModuleLoad() {
  final Button button = new Button("Klick");
  final Label label = new Label();
  button.addClickListener(new ClickListener(){
    public void onClick(Widget sender) {
      label.setText(holeURL());
    }
  });
  RootPanel.get("slot1").add(button);
  RootPanel.get("slot2").add(label);
}
```

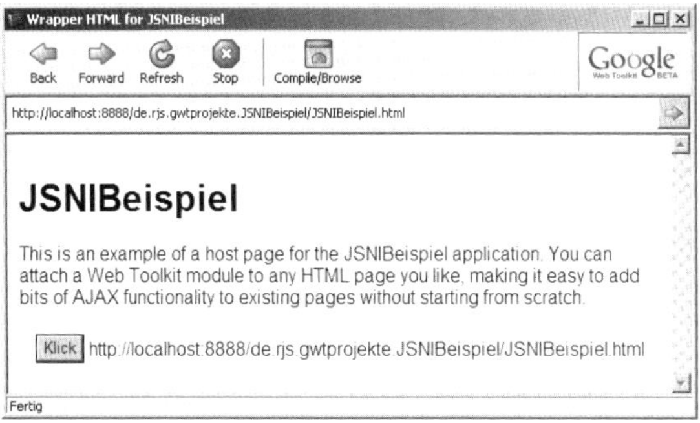

Abb. 7.1: Zugriff auf den URL der Host-Seite mit JavaScript

Über `$wnd.location.href;` wird in der Methode `holeURL()` per JavaScript auf das DOM-Objekt `window.location` und dessen Eigenschaft `href` zugegriffen. Der Aufruf erfolgt in der Reaktionsmethode auf einen Anwenderklick (`label.setText(holeURL());`).

Sie können nun auf diese Weise viele interessante Möglichkeiten von JavaScript nutzen. Beispielsweise ist es so sehr einfach, die Bildschirmauflösung des Anwenders abzufragen:

Listing 7.2: Abfrage der Bildschirmbreite

```
public static native String holeScreen() /*-{
  return $wnd.screen.width;
}-*/;
```

Profitipp

Im Hosted-Modus können Sie einen Haltepunkt in der Zeile des Quelltextes setzen, die öffnende Klammern von einer JSNI-Methode enthält. Damit können Sie alle Aufrufargumente sehen.

7.2 Aus JavaScript auf Java-Methoden und -Felder zugreifen

Zur Manipulation von Java-Objekten aus der JavaScript-Implementierung heraus über eine JSNI-Methode gibt es eine spezielle Syntax.

Methodenaufrufe

Schematisch sieht das immer so aus:

Listing 7.3: Schema eines Aufrufs

```
[Instanz]@Klasse::Methode(Param-Signatur)(Argumente)
```

Dabei muss die Instanz angegeben werden, wenn eine Instanzmethode aufgerufen wird. Wird eine Klassenmethode aufgerufen, muss die Instanz natürlich entfallen.

Der Klassenname ist der vollqualifizierte Name einer Klasse, in der die Methode deklariert ist.

Die Parametersignatur ist die interne Java-Methodensignatur, ohne allerdings den Rückgabetyp anzugeben. Dies ist nicht notwendig, weil die Möglichkeit des Überladens nicht vorhanden ist.

Die Argumente sind die Werte, die an die aufrufende Methode weitergegeben werden.

Zugriff auf Felder

Der Zugriff auf Java-Felder aus JavaScript ist vollkommen analog dem Zugriff auf Methoden aufgebaut. Schematisch sieht das so aus:

Listing 7.4: Schema eines Aufrufs

```
[Instanz]@Klasse::Feld
```

Dabei muss für eine Instanzvariable die Instanz angegeben werden, während diese Angabe bei einer Klassenvariablen entfällt.

Ein praktisches Beispiel

Schauen wir uns ein vollständiges Beispiel an, wobei wir der Einfachheit halber nur auf Felder zugreifen:[5]

Listing 7.5: Zugriff auf Java-Felder aus JavaScript

```
package de.rjs.gwtprojekte.client;
import com.google.gwt.core.client.EntryPoint;
```

5. Dies ist aber keine Einschränkung.

Listing 7.5: Zugriff auf Java-Felder aus JavaScript (Forts.)

```
public class JSNIBeispiel2 implements
  EntryPoint {
  // Klassenvariable
  private static String frage =
    "\nAber wie ist die Frage?";
  // 2 Instanzvariablen
  private String antwortStr =
    "Die Antwort ist ";
  private int antwortWert = 42;
  public void onModuleLoad() {
  // Aufruf native JavaScript-Methode mit
  // Instanz der aktuelle Klasse
  // als Übergabewert
    antwort(new JSNIBeispiel2());
  }
  // Native JavaScript-Methode
  public native void antwort(JSNIBeispiel2 x)
  /*-{
  $wnd.alert(
  // Zugriff auf Instanzvariable per this
 this.@de.rjs.gwtprojekte.client.
 JSNIBeispiel2::antwortStr +
  // Zugriff auf Instanzvariable per
  // Übergabewert vom Typ JNSIBeispiel2
  x.@de.rjs.gwtprojekte.client.
  JSNIBeispiel2::antwortWert +
  // Zugriff auf Klassenvariable
  @de.rjs.gwtprojekte.client.JSNIBeispiel2::frage  );
    }-*/;
}
```

Die Kommentare im Quelltext beschreiben die einzelnen Zugriffstechniken.

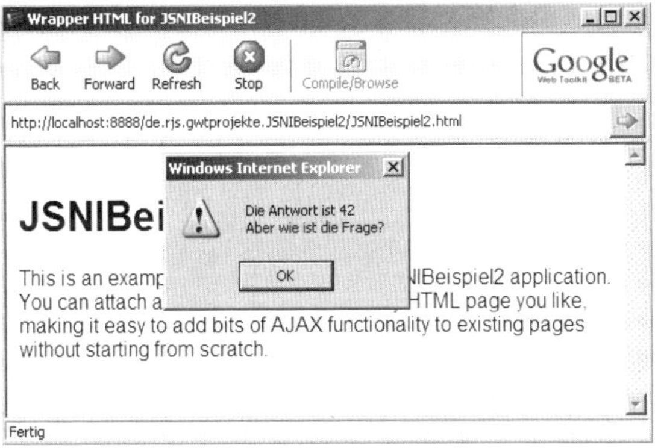

Abb. 7.2: Zugriff auf Java-Felder aus JavaScript

7.3 Objekte in Java und JavaScript benutzen

Parameter und Rückgabetypen in JSNI-Methoden werden als Java-Typen deklariert. Nun stellt JavaScript nicht so viele Typen zur Verfügung wie Java und die Typen unterscheiden sich auch teilweise signifikant. Es gibt in JavaScript beispielsweise keine Unterscheidung, ob ein numerischer primitiver Typ als ganze Zahl oder als Gleitkommazahl zu verstehen ist. Es gibt in JavaScript nur einen numerischen Typ. Im Allgemeinen ist das kein Problem, wenn man nicht Besonderheiten der Zusatzinformationen in Java unbedingt erhalten muss.

Dennoch ist der Austausch zwischen den beiden Welten nicht unproblematisch. Es gibt daher sehr spezielle und streng einzuhaltende Regeln, wie Werte zwischen JavaScript und Java ausgetauscht werden können.

JavaScriptObject

Die Klasse `com.google.gwt.core.client.JavaScriptObject` stellt im GWT aus Java heraus einen transparenten Handle auf native JavaScript-Objekte zur Verfügung. Ein Objekt vom Typ `JavaScriptObject` kann aber nicht direkt erstellt werden, sondern wird als Rückgabetyp einer JSNI-Methode geliefert. Ein `JavaScriptObject`, das von der Java-Seite wieder zurückgegeben wird, wird dort wieder zum originalen Objekt.

Von Java nach JavaScript

Tabelle 7.1: Von Java nach JavaScript

Typ in Java	Resultierender JavaScript-Typ
Jeder primitive numerische Typ	Ein numerischer Wert
`String`	JavaScript `string`
`boolean`	JavaScript `boolean` Wert
`JavaScriptObject`	Ein `JavaScriptObject`, das aus JavaScript-Code entstanden ist (meist als Rückgabewert einer anderen JSNI-Methode)
Array	Ein transparenter Wert, der nur zurück in den Java-Code weitergereicht werden kann
Jedes andere Java-Objekt	Ein transparenter Wert, der wie oben beschrieben über eine spezielle Syntax zugänglich ist

Von JavaScript nach Java

Tabelle 7.2: Von JavaScript nach Java

Typ in JavaScript	Resultierender Java-Typ
Numerischer Wert	Numerischer Java-Typ
Ein String in JavaScript	`String`
Ein `boolean` Wert (`true` oder `false`)	`boolean`
Ein natives JavaScript-Objekt	`JavaScriptObject`

Jeder Fall anderer Objekte muss in JavaScript über Java-Code erzeugt werden.

7.4 JSNI und Ausnahmen

Ausnahmen können sowohl in Java-Code als auch in handgeschriebenem JavaScript-Code entstehen. Eine Ausnahme, die in einer JSNI-Methode entsteht und in Java-Code weitergeleitet wird, kann als eine `com.google.gwt.core.client.JavaScriptException` abgefangen werden. Allerdings wird dieses Vorgehen von Google explizit nicht empfohlen, da JavaScript-Ausnahmen nicht die Funktionalitäten bieten, die man von Java-Ausnahmen gewohnt ist. Google empfiehlt deshalb explizit, JavaScript-Ausnahmen auch in JavaScript direkt zu behandeln[6] und Java-Ausnahmen im Java-Code.

6. Das ist seit JavaScript 1.5 (bzw. schon seit 1.4) möglich.

Quellen zum GWT und Ajax

URL	Beschreibung
atlas.asp.net	Das Atlas-Framework
code.google.com/webtoolkit/	Offizielle Google-Seite zum GWT
developer.mozilla.org/en/docs/Core_JavaScript_1.5_Reference	Spezifikation JavaScript 1.5
gwt-widget.sourceforge.net	Widget-Bibliothek für das GWT
incubator.apache.org	Das Ajax Toolkit Framework bzw. der Incubator PMC von Apache
java.sun.com	Die Java-Seiten von Sun
jpspan.sourceforge.net	Das JSPAN-Framework
maps.google.com	Google Maps
prototype.conio.net	Das Prototype JavaScript Framework
sourceforge.net/projects/gwt-widget	Widget-Bibliothek für das GWT
www.adaptivepath.com/publications/	Der offizielle Essay von Jesse James Garrett zu Ajax: „A New Approach to Web Applications“

URL	Beschreibung
www.ajax-net.de	Ajax-NET.de – ein deutschsprachiges Portal zu Ajax vom Autor dieses Buches. Hier gibt es auch die Buchbeispiele zum Download.
www.eclipse.org	Das Eclipse-Projekt
www.ecma-international.org/publications/standards/Ecma-262.htm	Die ECMAScript-Spezifikation
www.google.com/webhp?complete=1&hl=en	Google Suggest
www.ietf.org/rfc/rfc1057.txt	RFC 1057 – Remote Procedure Call Protocol Specification, Version 2
www.ietf.org/rfc/rfc1831.txt	RFC 1831 – RPC: Remote Procedure Call Protocol Specification Version 2
www.ietf.org/rfc/rfc1945.txt	RFC 1945 (Hypertext Transfer Protocol – HTTP/1.0)
www.ietf.org/rfc/rfc2616.txt	RFC 2616 (Hypertext Transfer Protocol – HTTP/1.1)
www.junit.org	JUnit-Homepage
www.rjs.de	Homepage des Autors
www.w3.org	W3C
www.w3.org/Style/CSS/	Offizielle Seite des W3C zu CSS
www.w3.org/TR/XMLHttpRequest	Details zum XMLHttpRequest-Objekt
www.w3.org/xml	Offizielle Abhandlung des World Wide Web Consortium über XML

Stichwortverzeichnis

$doc 102
$wnd 102
/*-{ 102
<entry-point> 58
<extend-property> 61
<inherits> 58
<public> 59
<servlet> 59, 93
<source> 58
__gwt_historyFrame 45
}-*/ 102

A
AbsolutePanel 69
Adapter 72
Adapterklassen 74
add() 71
addItem() 68, 69, 71
addKeyboardListener 75
Ajax 11
alert() 81
applicationCreator 31, 42
Async 91
AsyncCallback 92
Asynchronous Interfaces 91
Asynchronous JavaScript and XML 11

B
Baum 79
Button 67

C
Callback-Objekt 92
CellPanel 70
CheckBox 67
ClickListener 72, 74
com.google.gwt.core.client.GWT.create() 93
com.google.gwt.core.client.GWT.getModuleBaseURL() 94
com.google.gwt.core.client.JavaScriptException 109
com.google.gwt.core.client.JavaScriptObject 108
com.google.gwt.dev.GWTShell 52
com.google.gwt.user.client.Command 68
com.google.gwt.user.client.rpc.AsyncCallback 92
com.google.gwt.user.client.rpc.RemoteService 90
com.google.gwt.user.client.rpc.ServiceDefTarget 94
Command 68, 81
Composite 67
Composites 83
create() 93

D
Debuggen 62
DeckPanel 70
DHTML 14
DialogBox 67
DockPanel 70
Dokumentation 32
DOM
  Zugriff per JavaScript 102
Download
  GWT 29
Dynamic HTML 13

E
Eclipse 49
Einstiegspunkt 58
EntryPoint 56, 58
Ereignisse 72
Events 72
extend-property 61
externe JavaScript-Dateien 60
externe Style-Sheet-Dateien 61

F
FileUpload 68
FlexTable 68
FlowPanel 70
FocusListener 75
FocusListenerAdapter 76
FormPanel 70
Frame 68
Frameworks 21

G
get() 70, 71
getElementById() 18
getModuleBaseURL() 94
Google Web Toolkit Development Shell 33
GWT
  Entwicklungszyklus 23
  Vorausetzungen 29
  was ist das GWT 20
GWT Hosted Web Browser 34
GWT RPC 89
GWT-Web-UI-Klassenbibliothek 40, 87
gwt:module 45
gwt-Button 77
GWT-Compiler 22, 35
GWT-Klassenreferenz 87
gwt-MenuBar 77
GWT-Module 55
GWTShell 52, 62

H
History 46
HorizontalPanel 70
Hosted-Modus 23
Hostseite 45
href 104
HTML 68
HTTP 14
HTTPServlet 90
Hyperlink 68

I
i18nCreator 32
IFRAME 68
Image 68
inherits 58
Inline-Frame 46
innerHTML 18
Installation, GWT 29
IsSerializable 91

J
Java Native Interface 101
java.lang 39
java.util 39
JavaScript Native Interface 27, 101
JavaScriptException 109
JavaScriptObject 108
Java-to-JavaScript-Compiler 24
JNI 101
JRE-Emulationsbibliothek 39
JSNI 27, 101
  Ausnahmen 109
  Kommentarblock 102
JUnit 27
junitCreator 32

K
KeyboardListener 76
KeyboardListenerAdapter 75, 76

Klassenreferenz 87
Kollektive Intelligenz 12
Kommentarblock, JSNI 102
Kontrollkästchen 67

L
Label 68
ListBox 68
Listener 72
location 104

M
Mashup 11
Menü 79
MenuBar 68
MenuItem 68
Module 41, 55
  Laden 61
Modulreferenz 45
MouseListener 76
MouseListenerAdapter 76

O
öffentliche Pfad 56, 59
onFailure(Throwable) 92
onModuleLoad() 56
onreadystatechange 17
onSuccess 92
onSuccess(Object) 92
open() 17, 81

P
Panel 70
Panels 25, 69
PasswordTextBox 68
PopupPanel 70
projectCreator 32, 50
Projekte 40
Projektstruktur 40
public 59
Public Path 56

Q
Quelltextpfad 56, 58

R
RadioButton 68
Remote Procedure Calls 89
RemoteService 90
RemoteServiceServlet 90
responseText 18
responseXML 18
root package 41
RootPanel 70
RPC 26, 89
  Beispiel 94

S
Schaltfläche 67
ScrollPanel 71
send() 17
Service 90
ServiceDefTarget 60, 94
Service-Proxy 94
servlet 59
Servlets 59
setServiceEntryPoint() 60
setStyleName() 78
Simple Object Access Protocol 90
SimplePanel 71
SNA 11
SOAP 90
Social Network Analysis 11
source 58
Source Path 56
Stilname 77
Style Sheets 77

T
TabPanel 71
TCP/IP 13
TextArea 68

TextBox 69
Tree 69
TreeItem 69

U
UI-Klassenbibliothek 40

V
Venkman 26
Vererbungsangabe
  Modul 58
VerticalPanel 71
vollständig 92

W
Web 2.0 11
Webmodus 35
Web Service 90
Web-UI-Klassenbibliothek 40
web.xml 100
Widget 25, 69
Widgets 25
  selbst erstellen 83
window.location 104
Wrapper HTML 33
Wurzelpaket 41
Wurzelverzeichnis 41

X
XMLHttpRequest 15